Dagmar Herzog

DIE KRAFT DER
EMOTIONEN

Inhalt

KAPITEL I

Emotionen steuern unser Leben

ÜBERNEHMEN SIE DAS RUDER!

Im Wechselbad der Gefühle	8
Wie das Emotionale Training entstand	10

WIE FERNGESTEUERT ...

Das Unterbewusstsein – Zuhause unserer Emotionen	15
Sinne – Express ins Unterbewusstsein	16
Die Kraft der Imagination	19

ALLES EINE FRAGE DER HORMONE ...

Wozu sind Hormone gut?	22
Psychosomatik und Psychoneuroimmunologie	24
Gefühle – Schlüssel zur Gesundheit	26

LASSEN SIE DIE ALTEN PROGRAMME LOS

Die Sache mit der Bewertung	27
Auf die Perspektive kommt es an	29
Vertrauen ist (keine) Glückssache	31
Das »kleine« Glück	32
Gefühle machen das Leben reicher	32
Das Glück liegt nur in Ihnen	33

*»Nicht der Mensch hat am meisten gelebt,
der die höchsten Jahre zählt, sondern der,
welcher sein Leben am meisten empfunden hat.«*

Jean-Jacques Rousseau

Trainieren Sie Ihre Emotionen!

KAPITEL II

SO WERDEN SIE IHR EIGENER COACH

Die Quellen des Glücks erschließen	36
Emotionales Training: das Programm	37
Die Kraft der Emotionen nutzen	38

IHR INNERES KINO

Tagträume machen glücklich	40
Phantasiereisen und Traumbilder	41

DIE KRAFT DER WORTE: EMOTIONALE AFFIRMATIONEN

Nicht (nur) positiv denken, sondern positiv fühlen!	43
Zauberformeln, die Ihr Leben verändern	50

DIE »ENERGY-HARMONYS«

Gestalten Sie Ihr persönliches Bild	53
Entspannung vertieft die Wirkung	54
Die fünf Energy-Harmonys	66

Gezielt gegen Stress, Angst und Depression

DREI PHÄNOMENE – EIN THEMA

Was heißt hier gestresst?	70
Von gesunder und ungesunder Angst	73
Traurig, deprimiert oder depressiv?	76

SO WERDEN SIE IHRES GLÜCKES SCHMIED

Die inneren Schmerzbilder verwandeln	83
Wut und Hass abbauen	90
Das Selbstvertrauen stärken	91
Von Liebe und Selbstliebe	94

WERDEN SIE AKTIV!

Bewegung macht glücklich	103

KAPITEL III

inhalt

KAPITEL IV

Endlich wieder schlafen!

ALLES SCHLÄFT, EINSAM WACHT ...
Wir brauchen unseren Schlaf   109

DAS EMOTIONALE SCHLAFTRAINING
Emotionale Meditation   115
Die alte Gute-Nacht-Geschichte   115

MIT »TRAUMBILDERN« IN EINE GUTE NACHT
Die drei Traumbilder   118
Entspannen Sie sich!   123

LASSEN SIE SICH NICHT MEHR STÖREN!
Strahlende Stressoren   126
Die Natur spielt immer mit   128
Wie man sich bettet …   129
Lärm – Sie müssen nicht alles ertragen!   131
Krankheiten, die den Schlaf rauben   132
Medikamente und ihre Nebenwirkungen   134
Sanfte Hilfe aus der Natur   135

EIN PROGRAMM FÜRS LEBEN   136

ZUM NACHSCHLAGEN
Bücher und Adressen, die weiterhelfen   138
Sachregister   140
Impressum   144

HILFE ZUR SELBSTHILFE

Schneller, größer, besser, dynamischer – wir leben in einer Zeit, in der ein immer höheres Maß an Leistungsfähigkeit, Flexibilität und Belastbarkeit gefordert wird, das viele Menschen an ihre Grenzen bringt. Dem einen schlägt der Stress auf den Magen, dem anderen sitzt die Angst im Nacken, ein Dritter kann abends nicht mehr einschlafen, weil kreisende Gedanken ihn nicht zur Ruhe kommen lassen. Psychosomatische und funktionelle Beschwerden nehmen kontinuierlich zu. Die Ursachen hierfür sind vielfältig und liegen nicht nur in der äußeren Stressbelastung begründet: Was den einen krank macht, ist für den anderen durchaus tolerabel. Je nach Persönlichkeitsstruktur reagieren wir in Belastungssituationen immer wieder auf dieselbe – und leider oft ungesunde – Weise. Wer beispielsweise in seiner Kindheit zu wenig Zuwendung erfahren hat, wer körperliche oder psychische Übergriffe erleiden musste, wer allein gelassen oder ständig unter Leistungsdruck gesetzt wurde, entwickelt entsprechende Grundmuster, die seine Bewertungen und Handlungen auch im Erwachsenenalter noch steuern, auch und gerade wenn ihm dies nicht bewusst ist.

Die Dagmar-Herzog-Methode (DHM) setzt bei den Emotionen an, weil negative Emotionen es sind, die uns einschränkende Verhaltensmuster immer wieder reproduzieren lassen. Mit ihrer Methode ist es möglich, negative durch positive Emotionen zu überlagern und damit das eigene Verhalten grundlegend zu verändern. Dagmar Herzog ist deshalb so erfolgreich, weil sie Erkenntnisse aus der modernen Emotionsforschung, insbesondere über die hormonellen Zusammenhänge, in einer neuen Methode besonders effektiv anwendbar macht. Das Erleben von positiven Emotionen hilft, Stresshormone abzubauen und Ängste oder Schlafstörungen zu bessern. Die Stimmung wird aufgehellt, der Stoffwechsel positiv angeregt, das Immunsystem gestärkt. Auch depressive Verstimmungen, Angststörungen, psychosomatische und funktionelle Beschwerden können – im Rahmen eines ärztlich geleiteten Gesamttherapieplanes – deutlich gebessert werden.

Ich begrüße es, dass sich immer mehr psychotherapeutisch orientierte Ärzte und Psychologen in der Dagmar-Herzog-Methode ausbilden lassen. Sie können damit eine Methode anbieten, die insbesondere auch das Selbsthilfepotential der Patienten aktiviert und stärkt.

Das vorliegende Buch zum Emotionalen Training bietet eine leicht verständliche Einführung in die Hintergründe der Methodik, genaue Anleitungen und hilfreiche Übungen. Es wird hoffentlich viele Menschen motivieren, mit dem Emotionalen Training zu beginnen!

Prof. Dr. med. Helmut Woelk
Arzt für Neurologie und Psychiatrie, ärztlicher Direktor des
Psychiatrischen Krankenhauses Gießen. Eines seiner Spezialgebiete ist
die Erforschung therapeutischer Methoden bei Angststörungen

KAPITEL I

Emotionen steuern unser Leben

Wenn es schöne Gefühle sind, ist uns das ja ganz recht. Sobald aber Stress, Angst oder Depressivität das Ruder übernehmen, ist das kein Spaß mehr. Dann würden wir gerne etwas dagegen tun – und fühlen uns oft hilflos, wie fremdgesteuert. Dabei lassen sich Emotionen jederzeit gezielt verändern – wenn wir verstehen, was Gefühle eigentlich sind und wie wir sie beeinflussen können.

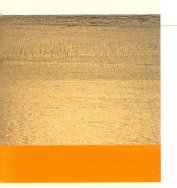

Emotionen steuern unser Leben

ÜBERNEHMEN SIE DAS RUDER!

Gefühle scheinen ein mächtiges Eigenleben zu führen. Sie überwältigen, überschwemmen uns, wir baden darin ... Was bei Glücksgefühlen sehr willkommen ist, lässt uns bei negativen Gefühlen oft schier verzweifeln. Wer deprimiert, gestresst oder angstvoll ist, fühlt sich solchen Stimmungen einfach ausgeliefert. Dabei reicht meist schon eine winzige Veränderung, die eine neue Bewertung der Situation ermöglicht – und in Sekundenschnelle geht es uns besser. Ein Phänomen, das sich durchaus erklären und vor allem gezielt einsetzen lässt.

Mit dem Emotionalen Training lernen Sie, Gefühle bewusst einzusetzen, um Ängste, Stress und depressive Verstimmungen abzubauen und wieder ruhig schlafen zu können.

IM WECHSELBAD DER GEFÜHLE

Kennen Sie das? Sie liegen abends im Bett, Schwere und Müdigkeit lassen Sie ins Reich der Träume gleiten ... und plötzlich, kurz vorm Wegsacken, fällt Ihnen ein, dass Sie etwas elementar Wichtiges für den nächsten Tag vergessen haben! Der Schreck schießt Ihnen in alle Glieder, Sie sitzen aufrecht im Bett, mit angehaltenem Atem, klopfendem Herzen, hellwach. Die verzweifelte Überlegung, ob und wie die Situation noch zu retten sei, verstärkt noch die Anspannung. – Da wird Ihnen plötzlich klar, dass Sie sich im Tag geirrt haben, dass Sie noch Zeit haben ... Sie atmen tief durch und spüren, wie sich die Spannung in Sekunden auflöst. Und schon kommen Schwere und Müdigkeit zurück und erleichtert schlafen Sie ein.

Und das kennen Sie sicher auch: Rosige Wangen, glänzende Augen und Schmetterlinge im Bauch, Sie sehen um Jahre jünger aus, sprühen vor Energie und könnten die Welt umarmen. Sie sind verliebt und schweben wie auf Wolken ... selbst graues Novemberwetter, sonst Auslöser für Herbstdepressionen, finden Sie wunderbar, weil es jetzt einfach das ideale Kuschelwetter ist.

Das Paradies auf Erden hält leider selten dauerhaft an, und Sie stürzen genauso schnell in eine andere, kalte Welt, in der Sie sich einsam, ungeliebt und verlassen fühlen. Liebeskummer oder Eifersucht quälen Sie. Sie sitzen trübsinnig allein zu Hause und malen sich wie versessen immer weitere Schreckensvisionen aus, die mit der Realität gar nichts zu tun haben. Ihr Herz schlägt bis zum Hals, Sie atmen, als ob Ihnen ein Zentner auf der Brust läge, und der Magen krampft sich zusam-

ÜBERNEHMEN SIE DAS RUDER!

men. Sie fühlen sich ausgepowert, krank, ohne Energie. – Plötzlich klingelt das Telefon, Ihr Partner oder Ihre Partnerin ruft an und wischt alle negativen Gedanken in Sekunden weg, weil er oder sie durch zartes Liebesgeflüster beweist, dass Sie doch geliebt werden. Sie legen den Hörer auf und könnten wieder Bäume ausreißen. Alle Beschwerden sind wie weggeblasen.

Das schafft kein Medikament, das können nur unsere Gefühle, unsere körpereigenen »Drogen«. Liebe ist das stärkste Glücksgefühl und das stärkste körpereigene Medikament. Es heilt den Körper und die Seele. Seit langem weiß man aus wissenschaftlichen Studien, dass negative Gefühle krank machen und positive Emotionen heilen.

Körperlich betrachtet pure Chemie

Jedes Gefühl ist eine Hormonausschüttung (Seite 22). Was wir als »Angst« erleben, ist die Wirkung von Stresshormonen, die das Herz rasen lassen, die Muskulatur anspannen und den Atem einengen. Normalerweise sollten wir jetzt kämpfen oder flüchten – wie es zu Jäger- und Sammlerzeiten notwendig war. Durch die Ausschüttung von Stresshormonen wird nämlich die Kraft für Kampf oder Flucht um ein Vielfaches erhöht. Und dieses Stresshormonprogramm war früher äußerst nützlich. Stand nämlich der Löwe vor der Höhle, mussten wir angemessen reagieren können – sonst wären wir ausgestorben.

Unser Körper hat sich nicht auf die moderne Zeit eingestellt. Die Signale sind gleich geblieben. Das heißt, wenn Sie sich über Ihren Chef oder über Ihre Schwiegermutter ärgern, ist es genauso, als stünde ein Löwe an Ihrem Bett. Nur haben Sie selten die Gelegenheit, vor Ihrem Chef oder Ihrer Schwiegermutter zu flüchten oder gegen sie körperlich zu kämpfen. Die Stresshormone können nicht abgebaut werden, bleiben also im Körper, machen krank und lassen uns nicht zur Ruhe kommen. Wenn Sie mit diesem Groll im Bett liegen und nicht schlafen können, weil Stresshormone das Herz bis zum Hals schlagen lassen, dann hilft es nicht, Schäfchen zu zählen, weil meist das hundertste Schaf der Chef oder die Schwiegermutter im Schafspelz ist und eine neue Stresshormondusche Sie durchflutet.

Glücksgefühle wiederum entstehen durch Ausschüttung von Glückshormonen, die in Sekunden Stresshormone abbauen können und die von ihnen verursachten Energieblockaden wieder lösen.

Die zwei Beispiele auf der ersten Seite, die fast jeder kennt, verdeutlichen diesen Mechanismus. Entscheidend dabei: Das Leben hat sich in beiden Fällen gar nicht verändert, wohl aber unsere Gedanken und die daran gekoppelten Gefühle.

Negative Gefühle produzieren Stresshormone, Glücksgefühle setzen Glückshormone frei. Und Glückshormone lösen Stresshormone auf.

Emotionen steuern unser Leben

Produzieren Sie ab heute gezielt Glückshormone!

- Negative Gedanken produzieren Stresshormone, die unsere Energie blockieren, den Stoffwechsel negativ beeinflussen, das Immunsystem schwächen und uns im Zeitraffertempo älter machen.
- Positive Gedanken produzieren Glückshormone, die Stresshormone abbauen, das Immunsystem stärken, Energieblockaden lösen, uns entspannen und selig in Morpheus' Armen schlafen lassen.
- ➤ Mit dem Emotionalen Trainingsprogramm lernen Sie, dieses Wissen für Ihre Psyche und Ihre Gesundheit zu nutzen. Durch das Emotionale Training lernen Sie, jeden Tag Ihre körpereigenen Glücksdrogen zu produzieren. Der Vorteil gegenüber künstlichen Drogen: Die körpereigenen Drogen haben keine schädlichen Nebenwirkungen, kosten nichts, sind in der Wirkung viel effektiver und sofort spürbar. Das körperliche Geschehen ist nämlich so komplex, dass Medikamente oder künstliche Hormone vermutlich nie in der Lage sein werden, dieses reine, wunderbare Glücksgefühl herzustellen, das unsere körpereigenen Hormone mit Leichtigkeit in Bruchteilen von Sekunden herbeizaubern.

Kein Medikament, keine Droge, kein Suchtmittel kann Sie so gut »dopen« wie Ihre eigenen Glückshormone.

WIE DAS EMOTIONALE TRAINING ENTSTAND

Vor 20 Jahren habe ich das erste Emotionale Trainingsprogramm entwickelt, um selbst von einer langjährigen Essstörung loszukommen. Ich hatte erkannt, dass Essen viel mit Emotionen zu tun hat. Bei jeder Sucht, egal ob Alkohol, Zigaretten oder Essen, wird das Suchtmittel immer mit positiven Emotionen erlebt, denn es ist verknüpft mit Vorstellungen von Liebe, Geborgenheit, Trost, Belohnung …

Sucht – Selbstschutz des Unterbewusstseins

Essen im Kreis der Familie, Weihnachtsfeste, Kindergeburtstage, Süßigkeiten bei Tränen oder guten Noten … das alles sind Situationen, in denen wir glücklich und geborgen waren, in denen Glückshormone ausgeschüttet wurden. Und Sie wissen jetzt, Glückshormone bauen Stresshormone in Sekunden ab und stärken so das Immunsystem.
Unser Unbewusstes oder, wie ich lieber dazu sage, unser *Unterbewusstsein*, ist genial gesteuert und immer bemüht, den Körper gesund zu erhalten. Wenn wir traurig sind, Langeweile haben, uns selbst nicht mögen oder Ängste haben, werden permanent Stresshormone ausgeschüttet, die unser Immunsystem schwächen und die Energie im Körper blockieren. Das Unterbewusstsein hat durch die häufigen Erfah-

ÜBERNEHMEN SIE DAS RUDER!

rungen, dass durch Essen Glückshormone produziert werden, diese Information als vermeintliches Hilfsprogramm fest installiert. Und es setzt dieses Programm sofort ein, wenn durch Frust, Ärger oder Selbstzweifel Stresshormone ausgeschüttet werden. Glückshormone sollen die Stresshormone wieder abbauen.

Esssüchtige sind nicht süchtig nach dem Essen, sondern süchtig nach dem Glücksgefühl, der Glücksdroge. Obwohl das Essen oft gar nicht mehr glücklich macht, weil schon während des Essens das schlechte Gewissen plagt, bleibt diese Information für immer bestehen.

Das Unterbewusstsein umprogrammieren

Wenn nun das Unterbewusstsein eine intensive, neue emotionale (hormonelle) Information bekommt, können solche alten Programme geändert werden.

Da das Suchtmittel Essen mit positiven Gefühlen erlebt wurde, können nur entgegengesetzte Gefühle diese Programme verändern. Ich visualisierte damals negative Szenen, in denen ich das Essen in Verbindung mit Einsamkeit, Nicht-geliebt-Werden und Ekel emotional durchlebte. In positiven Visualisationen (Phantasiereisen) installierte ich gesunde, neue emotionale Hilfsprogramme – zum Beispiel erlebte ich Bewegung in der Natur mit starken Glücksgefühlen oder Teetrinken in Verbindung mit großer Geborgenheit und Harmonie.

In kurzer Zeit veränderte sich mein Essverhalten grundlegend, ich nahm ab und habe seitdem kein Problem mehr mit dem Essen.

Aus diesen Erfahrungen entstanden meine Emotionalen Trainingsprogramme für Menschen mit Essproblemen und für Raucher, die sich seit Jahren bewährt haben (Buch- und CD-Tipps Seite 138).

Entwicklung aus einer Lebenskrise

Vor zehn Jahren (1990) entwickelte ich das Programm weiter, weil ich mich selbst in einer schweren Lebenskrise befand. Ich steckte damals mitten in der Scheidung und hatte meine zwei Kinder allein zu versorgen. Existenzängste, Trauer, Einsamkeit, Wut, Selbstzweifel und die panische Angst, es nicht zu schaffen, waren Emotionen, die mich nicht mehr losließen. Ich spürte eine starke innere Unruhe und zugleich ein erschreckendes äußeres Phlegma. Die alltäglichen Dinge wurden zum Problem.

Durch das emotionale Chaos im Kopf hatte ich außerdem massive Schlafprobleme. Und mit den Schlafproblemen kam zu den anderen Ängsten auch noch die Angst, nicht schlafen zu können. Ich lag jede

---

Die Psychologie spricht vom *Unbewussten*. Mir ist dieser Begriff zu weit gefasst, deshalb sage ich, wie viele andere auch, *Unterbewusstsein* und meine damit psychische Vorgänge, die zwar automatisch ablaufen, dem Bewusstsein aber grundsätzlich zugänglich sind.

Emotionen steuern unser Leben

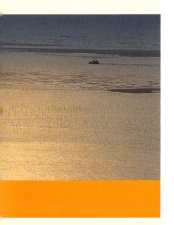

Lernen Sie, sich selbst zu helfen – das macht Sie frei, unabhängig und stark!

Nacht unruhig im Bett, den Kopf voller Horrorszenarien, und wälzte mich von einer Seite auf die andere. Baldrian, Hopfen, warmes Bier und leichte Bettlektüre – nichts brachte mir den ersehnten Schlaf. Auch das Schäfchenzählen half nicht, weil sich immer wieder zwischen die Schafe Menschen schmuggelten, die mein Herz rasen ließen. Ich konnte über Monate oft nur zwei Stunden pro Nacht schlafen, wurde immer zur gleichen Zeit mit Schweißausbrüchen und Alpträumen wach und lag von zwei Uhr nachts an oder oft auch die ganze Nacht mit trüben Gedanken und Ängsten im Bett.

Ich wechselte von Beruhigungstabletten zu schweren Schlaftabletten, die mich zwar anfänglich einige Stunden schlafen ließen, mich aber noch benommener machten, als ich ohnehin schon war.

Emotionale Krise, Schlaflosigkeit und Schlaftabletten endeten schließlich, wie bei vielen Menschen, in einer tiefen Depression.

Ich suchte Hilfe und ließ mir Tabletten verschreiben, die mich aber nur noch müder und antriebsloser machten. Ich suchte weiter, auch bei der Kirche und bei einem Psychotherapeuten – aber niemand konnte mich wirklich erreichen. Eine Freundin gab mir Entspannungskassetten und versuchte, mir Entspannungsübungen zu vermitteln. Ich sollte mir zum Beispiel vorstellen, ein Baum zu sein, und unter meinen Füßen sollten Wurzeln in die Erde wachsen. Diese Vorstellung machte mich auch nicht glücklich: Die Vorstellung, festzuwachsen, mich nicht mehr fortbewegen zu können, bewirkte gerade zu dieser Zeit das Gegenteil. Ich wollte auch kein Baum sein, keine Blume, ich wollte Dagmar Herzog bleiben. Ich wollte meine Ängste und meine Depression verlieren und wieder schlafen können.

Der erste Schritt zur Veränderung

Irgendwann begriff ich, dass nur ich selbst mir helfen kann, dass ich für mein Leben selbst verantwortlich bin. Ich hatte vor der Depression viele Dinge in meinem Leben aus Angst, Harmoniesucht und Bequemlichkeit verdrängt. In der Depression ist es nicht mehr möglich zu verdrängen. Man steht mit dem Rücken an der Wand und die eigenen Schwächen werden gnadenlos offenbar.

Sich selbst zu belügen geht nicht mehr. Aber dieser brutale Zustand ist die große Chance, sein Leben positiv zu verändern.

Das war die erste Erkenntnis, die mich weiterbrachte. Ich spürte, dass ich den ersten Schritt gehen musste zu meinem Ziel, mein Leben zu verändern. Den ersten Schritt gehen musste, um wieder Achtung und Vertrauen zu mir selbst zu finden. Und das war auch der erste Schritt zur Weiterentwicklung meiner emotionalen Trainingsprogramme.

ÜBERNEHMEN SIE DAS RUDER!

Das Emotionale Trainingsprogramm gegen Stress, Ängste und Depressionen

Das Zentrum des Programms sind geführte Phantasiereisen, die »Energy-Harmonys«, in denen Sie intensive Glücksgefühle, Zuversicht, Geborgenheit und innere Ruhe erleben – und jedes Mal eine regelrechte »Glückshormondusche« nehmen.
Sie lernen darüber hinaus mit einfachen mentalen Übungen, Ihre Situation aus einer anderen Perspektive zu betrachten und emotional neu zu bewerten, so dass Sie Ihr Leben wieder positiver sehen können. Sie lernen, sich selbst zu unterstützen, sich anzunehmen und liebevoll mit sich umzugehen. Sie finden wieder Vertrauen in Ihre eigene Kraft. Sie werden gelassener, finden Ruhe und Frieden.
Sie lernen auch, sich selbst zu motivieren, um Ihre Ziele zu erreichen. Und Sie lernen, nach der Devise von Winston Churchill zu leben: »Wer mich verletzt, bestimme ich selbst!«

Und nun freuen Sie sich darauf, mit dem Emotionalen Trainingsprogramm Ihr Leben positiv zu verändern. Sie werden die sinnliche Wahrnehmung schärfen, wieder wie ein Kind erleben können, wieder emotional leben – und das heißt, wirklich zu leben.

»Willst du dein Leben ändern: Fang sofort damit an. Tu es mit heller Begeisterung. Und keine Einwände, keine Ausreden!«

William James

Wirkung auf allen Ebenen

Mit dem Emotionalen Training können Sie ...

➤ Ängste und Stress abbauen

➤ Schlafstörungen beheben

➤ reaktive Depressionen auflösen

➤ psychosomatische Beschwerden lindern oder heilen, zum Beispiel Erschöpfungszustände, Magen-Darm-Beschwerden, Herz-Kreislauf-Probleme, Neurodermitis, Migräne, Tinnitus, Hitzewallungen, Zähneknirschen

➤ über Glückshormone Ihr Immunsystem stärken, Stoffwechsel, Entwässerung und Darmfunktion anregen

➤ Selbstvertrauen, innere Ruhe und Lebensfreude gewinnen

➤ durch emotionale Motivation Ihre Ziele erreichen

Wir sind das, was wir fühlen.
Wir fühlen das, was wir glauben.
Wir sind das, was wir glauben.

WIE FERNGESTEUERT ...

WIE FERNGESTEUERT ...

Sie fühlen sich schlecht – und können nicht so recht sagen, warum. Sie reagieren immer wieder gestresst, ängstlich oder depressiv – und fragen sich oft, warum eigentlich?! Was Sie bewusst erleben, fühlen, denken, ist nur die Spitze des Eisberges. Deutlich größer ist der Teil, der unbewusst abläuft. Auf viele Situationen reagieren Sie spontan mit Gefühls- und Verhaltensmustern, die in Ihrem Unterbewusstsein gespeichert sind. Wenn Sie aus solchen Mustern aussteigen wollen, müssen Sie den Zugang zu Ihrem Unterbewusstsein finden.

DAS UNTERBEWUSSTSEIN – ZUHAUSE UNSERER EMOTIONEN

Das Unterbewusstsein ist der Ort unserer Gefühle, Erinnerungen, Vorstellungen, Eindrücke, Instinkte und Intuition, die im Moment nicht aktiv oder uns überhaupt nicht bewusst sind, aber trotzdem unser Handeln und Denken stark beeinflussen. Oft ist es durchaus sinnvoll, dass wir automatisch, also unbewusst reagieren, weil wir sonst mit Gedanken und Entscheidungen hoffnungslos überfordert wären – zum Beispiel beim Autofahren. Manchmal aber sind »automatische« Reaktionen und Verhaltensmuster nicht (mehr) angemessen.

Notfallhilfe des Unterbewusstseins

Es ist faszinierend zu beobachten, wie das Unterbewusstsein bei Stress, Trauer, Wut oder Angst reagiert: Es aktiviert Schutzprogramme, um Stresshormone abzubauen und so den Körper vor Schaden zu bewahren (Seite 24).

Wie nötig das ist, zeigt ein Versuch aus der Schlafforschung: Man hinderte Ratten fast drei Wochen lang am Schlafen. Nach 20 Tagen starben die Tiere. Nicht etwa an Schlafmangel, sondern an banalen Infekten. Ihr Immunsystem war durch das Übermaß an Stresshormonen zusammengebrochen.

Wenn nun das Unterbewusstsein Wege sucht, um Stresshormone abzubauen, greift es auf alte Erfahrungen zurück und aktiviert Verhaltensweisen, die früher einmal erfolgreich waren. Wer als Kind oft zum

Unterbewusste Programmierungen sind teilweise so alt wie die Menschheit, also in unseren Genen verankert. Viele sind aber im Laufe unseres Lebens durch emotionale Erfahrungen entstanden, insbesondere in der frühen Kindheit. Strategien, die damals hilfreich waren, um uns vor negativen Gefühlen – und damit vor Stresshormonen – zu schützen, setzt unser Unterbewusstsein in ähnlichen Situationen wieder ein. Auch, wenn wir es heute besser anders machen würden.

Emotionen steuern unser Leben

Trost Süßigkeiten bekam, wird vermutlich als Erwachsener in Stresssituationen automatisch zu Süßem greifen.

Wenn der psychische Stress körperlich gar nicht mehr zu ertragen ist, weil etwa traumatische Ereignisse das Immunsystem total zusammenbrechen lassen, hilft sich das Unterbewusstsein mit einem Notprogramm: mit Verdrängen oder sogar Vergessen.

David: Als hätte es das Deutsche nie gegeben

Ein eindrucksvolles Beispiel für eine solche Notfallhilfe des Unterbewusstseins erzählte mir David, ein 72-jähriger Jude aus Israel. Als Jugendlicher floh er aus Deutschland, nachdem seine ganze Familie von der SS abgeholt und im KZ umgebracht wurde. Er war allein auf dem Dachboden, als man seine Familie abführte, und sah zutiefst geschockt vom Fenster aus zu. Er floh nach Belgien und sprach dort nur noch französisch. Nach wenigen Wochen konnte er die deutsche Sprache nicht mehr lesen, verstehen oder sprechen. Sein Unterbewusstsein hatte alle Erinnerungen an die deutsche Sprache gelöscht, um die Seele und auch den Körper zu schützen. Erst 50 Jahre später hat er durch eine Psychotherapie die vergessene Sprache aus dem Unterbewusstsein an die Oberfläche geholt und sprach von da an wieder flüssig wie ein Deutscher.

SINNE – EXPRESS INS UNTERBEWUSSTSEIN

Um uns nicht von unseren Emotionen überrollen zu lassen und sie fatalistisch als gegeben hinzunehmen, ist es wichtig, dass wir den Weg in unser Unterbewusstsein finden, um wirklich etwas zu ändern. Denn nur hier können wir unsere Angst-, Stress- und Schmerzprogramme, die unser ganzes Leben beherrschen, beeinflussen.

Wir müssen lernen, mit unserem Unterbewusstsein zu kommunizieren – wie auch das Musizieren mit einem Instrument erlernt werden muss. Diesen Zugang zum Unterbewusstsein finden wir über die fünf Sinne, die unsere Emotionen wecken.

Alte Programme »auf Knopfdruck«

Alles, was wir sehen, hören, riechen, schmecken oder fühlen, geht als Reiz über die Nervenbahnen zum Gehirn. Hier wird in Bruchteilen von Sekunden gecheckt, ob zu diesem Sinnesreiz schon ein emotionales Programm existiert. Wenn ja, wird sofort der gleiche Hormoncocktail ausgeschüttet wie bei der Erstprogrammierung.

Unser Unterbewusstsein ist immer bemüht, uns gesund zu erhalten. Schutzprogramme laufen automatisch ab, wenn Gefahr besteht, dass das Immunsystem zusammenbricht, weil extrem viele Stresshormone ausgeschüttet werden.

WIE FERNGESTEUERT ...

Ein Beispiel, das Ihnen vielleicht bekannt vorkommt: Sie drehen morgens, noch ganz verschlafen und müde, das Radio an und hören einen alten Song, den Sie seit Jahren nicht mehr gehört haben. Augenblicklich fühlen Sie sich voller Energie und glücklich, weil Sie dieses Lied in jungen Jahren mit Ihrer großen Liebe einen ganzen Sommer lang gehört haben. Es reichen schon ein paar Takte, und das Hormonsystem reagiert auf das altbekannte Signal: Eine regelrechte Glücks-(hormon-)dusche wird über Ihnen ausgeschüttet, die Energieblockaden in Ihrem Körper löst, Sie hellwach und glücklich macht und Ihren Tag so richtig gut anfangen lässt.

Wenn die Sommerliebe aber unglücklich war, würde Ihnen vermutlich melancholisch zumute, wenn Sie das Lied hören. Denn in diesem Fall ist es mit negativen Emotionen (und dem entsprechenden Stresshormoncocktail) in Ihrem Unterbewusstsein abgespeichert.

Gerüche wirken besonders stark

Nehmen wir an, Sie besuchen in der Weihnachtszeit Freunde, und es riecht dort nach frisch gebackenen Weihnachtsplätzchen. Unmittelbar breitet sich in Ihnen ein Gefühl von wohliger Geborgenheit aus – weil Ihr Unterbewusstsein diesen Geruch mit Glücksgefühlen von Geborgenheit und Geliebtwerden in der Kindheit programmiert hat. Denn die meisten Mütter backen zur Weihnachtszeit mit ihren Kindern Plätzchen und schenken ihnen in dieser Zeit besonders viel Liebe, Aufmerksamkeit und Zuwendung.

Fehlt diese Erfahrung, so fehlt auch das entsprechende Programm: Ein Freund von mir, der ohne Mutter aufgewachsen ist, empfindet bei dem Geruch von frisch gebackenen Plätzchen keine positiven Gefühle.

Daniela: Geruch macht traurig

Auch starke negative Gefühle können durch programmierte Geruchsreize ausgelöst werden. Daniela, eine meiner Seminarteilnehmerinnen, ist bei ihrer ungeliebten Tante aufgewachsen. Die Wohnung war meist unaufgeräumt und schmutzig. Und jede Woche gab es bei ihrer Tante Brathähnchen aus einer schmierigen Papiertüte, dazu einen Kartoffelsalat aus dem Plastikeimer. Wenn Daniela die Wohnung betrat und ihr der Geruch des schon weich gewordenen, in sich zusammengefallenen Huhns in die Nase stieg, wurde ihr jedes Mal schlecht. Sie fühlte sich traurig und verlassen von ihren Eltern, die beide berufstätig waren.

Daniela arbeitet heute in einem großen Schuhgeschäft. Wenn sie mittags in die Gemeinschaftsküche geht und ihr der verhasste Geruch eines Brat-

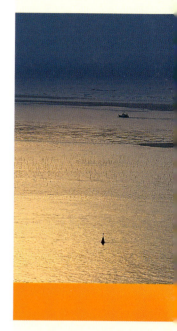

Geruchsinformationen werden direkt an den Teil des Gehirns geleitet, der unter anderem für Erinnerungen und Gefühle zuständig ist. Deshalb kann ein Geruch unmittelbar alte Erinnerungen und Gefühle wecken.

»Obstduft bringt mich unter die Pfirsichbäume zurück, wo ich als Kind gespielt habe; ich kenne Gerüche, bei denen sich mein Herz erinnerungsselig weitet, und andere, bei denen es sich erinnerungsweh verkrampft.«

Helen Keller

huhns entgegenschlägt, weil eine ihrer Kolleginnen sich genüsslich über eines hermacht, beschleichen sie die gleichen Emotionen wie als Kind. Sie fühlt sich einsam, von aller Welt verlassen und furchtbar traurig.

Sinnliche Auslöser

Bei Daniela löst der Geruchssinn das emotionale Programm aus. Es ist, als gäbe es in unserem Inneren einen Geruchscomputer. Bei mir zum Beispiel weckt im Sommer der Geruch von heißem Asphalt Glücksgefühle. Ich erinnere mich dabei an glückliche Kindheitstage, wie ich mit dem Fahrrad ins Freibad fuhr, Handtuch, Badeanzug und Proviant hinten auf dem Gepäckträger in einer Badetasche. Ich sehe mich in einem Affentempo glücklich den Berg zum Freibad hinunter fahren, spüre den warmen Sommerwind auf der Haut und ein Glücksgefühl im Bauch.

Jede Sinneswahrnehmung kann verschiedene »Filme« und Gefühle auslösen. Das Faszinierende daran ist: Wir können über äußere Reize alte gespeicherte Programme immer wieder abrufen – und zwar mit der gleichen Emotion wie bei der Erstprogrammierung.

Unzählige Programme schlummern in unserem Unterbewusstsein. Nur wenige sind mit einer konkreten Erinnerung verknüpft. Aber diese Programme bewirken, dass wir von einer Sekunde auf die andere plötzlich beschwingt, glücklich, traurig oder ängstlich werden – ohne ersichtlichen Grund.

Lernen durch Fühlen

Wir lernen über Emotionen und werden von Emotionen gesteuert. Wenn Sie einem Kind hundert Mal sagen, es solle nicht auf die Herdplatte fassen, so wird das Kind es doch tun. Es muss selbst *fühlen* – auch wenn es wehtut. Das Wissen darum, dass es sich verbrennen kann und warum, hilft dem Kind nicht weiter. Erst das Fühlen bewirkt die Veränderung, weil nur Emotionen ins Unterbewusstsein vordringen.

Unser Unterbewusstsein macht allerdings keinen großen Unterschied, ob wir etwas wirklich erleben oder ob es in unserer Vorstellung geschieht. Sobald Gefühle mit im Spiel sind, ist die hormonelle Reaktion gleich. Darum wachen wir zum Beispiel nachts schweißgebadet auf, weil wir einen Alptraum hatten. Stresshormone lassen uns hochschrecken, als ob wir wirklich um unser Leben kämpfen müssten.

DIE KRAFT DER IMAGINATION

Sie können zum Beispiel mit einfachen Übungen testen, dass in Ihrem Unterbewusstsein Programme existieren, die automatisch körperliche Reaktionen auslösen – allein durch die Vorstellung.

Übung: Zitrone – ein Schutzprogramm abrufen

➤ Konzentrieren Sie sich und stellen Sie sich vor, in eine saftige Zitrone zu beißen.

➤ Was passiert? Ihr Gesicht verzieht sich und im Mund entsteht vermehrt Speichel. Warum? Wir alle haben irgendwann unsere erste Erfahrung mit einer Zitrone gemacht. Sie sieht so wunderschön gelb und verlockend aus. Die erste Erfahrung beim Hineinbeißen war aber sicher die, dass die starke Säure den Mund heftig zusammenzog. Das Unterbewusstsein hat diese Erfahrung gespeichert und aktiviert prompt Hormone, die einen vermehrten Speichelfluss auslösen, um das säureempfindliche Epithel in der Speiseröhre durch Verdünnen der Säure zu schützen.

● Sie werden feststellen, dass das Unterbewusstsein keinen Unterschied macht, ob Sie wirklich in eine Zitrone beißen oder es sich nur vorstellen. In Bruchteilen von Sekunden geht das Bild, wie Sie in eine Zitrone beißen, an Ihr Gehirn. Und ebenso schnell wird ein Hormoncocktail ausgeschüttet, der den Speichelfluss in Gang setzt. Jemand, der noch nie in eine Zitrone gebissen hat, wird bei dieser Übung keine Reaktion zeigen.

Über den Verstand kommen Sie an Ihre Verhaltensmuster, die Sie immer wieder verletzlich oder schwach machen, nicht heran. Es sind immer nur die Emotionen, die Veränderungen bewirken – egal, ob beim Abbau von Stress und Ängsten, bei Schlafstörungen oder bei Suchtprogrammen.

Emotionen steuern unser Leben

Sie können Ihrem Unterbewusstsein gezielte emotionale Informationen schicken und so Ihr Leben positiv verändern. Mit dem Emotionalen Training lernen Sie, neue emotionale Muster zu installieren, die alte negative Programme überlagern – bis diese für immer schweigen. Oder neue positive Programme zu installieren, die Ihnen helfen, Ihr Leben positiver zu gestalten.

Übung: Stress – wie der Körper reagiert

Um zu testen, wie Ihr Unterbewusstsein auch auf Stresssituationen unmittelbar reagiert und wie schädlich negativer Stress auf den Körper wirkt, können Sie folgende Übung machen:
➤ Erinnern Sie sich an ein zurückliegendes Stressereignis, etwa eine Situation, in der Sie gedemütigt wurden, in der Sie eifersüchtig waren oder Angst hatten. Durchleben Sie diese Situation etwa eine Minute lang.

➤ Versuchen Sie anschließend genau festzustellen, was Sie in Ihrem Körper gespürt haben und wo Sie es gespürt haben.

● In meinen Seminaren fühlen die meisten Teilnehmer einen Druck oder ein Zusammenschnüren im Magen. Andere empfinden ihre Atmung als eingeengt oder dass ihr Herz bis zum Hals klopft. Sie werden die Stelle Ihres Körpers spüren, an der sich Ihre Emotionen vor allem bemerkbar machen. Dort sitzt Ihre persönliche Energieblockade, Ihre Schwachstelle. Wenn Sie nicht lernen, Ihren Stress abzubauen, ist es nur eine Frage der Zeit, bis aus einer Beschwerde eine Krankheit wird.

Übung: Entspannung – allein bei der Vorstellung

➤ Schließen Sie die Augen. Stellen Sie sich vor, Sie liegen in einer einsamen Bucht am Meer. Es ist warm. Sie spüren die Sonne auf der Haut. Sie hören den sanften Rhythmus der Wellen. Sie sind ganz entspannt. Ihre Gedanken schweben davon. Sie spüren Ruhe und Harmonie.

➤ Machen Sie die Augen wieder auf. Haben Sie die Entspannung gefühlt, obwohl Sie sich die Szene nur *vorgestellt* haben? Was geschah mit der Atmung und der Muskulatur?

● Mit diesem Entspannungsbild werden Stresshormone durch Glückshormone in Sekunden abgebaut. War die Atmung zuvor flach, so atmen Sie jetzt tief durch und entspannen Ihre Muskulatur.

Wenn ich daran denke …

… dreht sich mir der Magen um, kommt mir die Galle hoch, bekomme ich Herzklopfen, werde ich ganz rot, bekomme ich Gänsehaut, wird mir ganz schwindlig.
Diese Redewendungen treffen genau das, was Sie selbst gerade getestet haben: Allein Ihre *Gedanken* an etwas Bestimmtes bewirken über Hormonausschüttungen deutliche Reaktionen Ihres Körpers. Allein die Vorstellung löst physiologische Symptome aus.

Übung: Besser als jede Creme ...

Dass Gedanken sofort körperliche Reaktionen auslösen, können Sie auch vor dem Spiegel testen:
➤ Sehen Sie sich Ihr Gesicht genau an. Ist es entspannt oder angespannt? Sehen Sie zufrieden oder verhärmt aus? Hat Ihr Gesicht eine Geschichte zu erzählen von Kampf, Lieblosigkeit, Enttäuschung – oder eine von Erfolg, Liebe und Leidenschaft? Sind Ihre Augen matt und erloschen – oder strahlen sie? Ist Ihre Gesichtshaut fahl – oder rosig durchblutet? Sind Ihre Schultern und ist Ihre Kopfhaltung gebeugt oder aufrecht?
➤ Wenn Sie Ihr Gesicht detailliert wahrgenommen haben, dann denken Sie an einen Menschen, den Sie verachten oder der Sie gekränkt hat. Sehen Sie genau zu, wie sich Ihr Gesicht verändert. Wie Ihre Augen schmaler, die Pupillen kleiner werden, der Mund sich säuerlich anspannt.
➤ Denken Sie jetzt an einen Menschen, den Sie gern haben. Sehen Sie dabei in den Spiegel und beobachten Sie, was passiert: Ihr Gesicht entspannt sich, die Mundwinkel gehen nach oben, ein leises Lächeln hellt Ihr Gesicht auf. Die Augen bekommen einen freundlichen Ausdruck.
➤ Nun schließen Sie die Augen und denken an Ihren Traummann oder Ihre Traumfrau. Stellen Sie sich vor, wie Sie gestreichelt und geliebt werden. Leben Sie etwa eine Minute in dieser Traumszene. Öffnen Sie dann die Augen und sehen Sie sich genau im Spiegel an. Ihre Augen und Pupillen sind groß und strahlen, das Gesicht und der Mund sind völlig entspannt und rosig durchblutet. Es ist nicht zu übersehen: Liebe macht schön – sogar, wenn Sie nur daran denken!
● Diese Übung verdeutlicht Ihnen, wie Sie blitzartig und jederzeit Ihren Hormon-Schönheitscocktail ausschütten können. Er ist viel effektiver als eine teure Creme. Er ist sozusagen die Kosmetik von innen.
Verliebtsein ist ein wahres Hormonfeuerwerk. Aber auch hier ist es unsere *Vorstellung,* die permanent mit dem Partner beschäftigt ist und uns die Erregung immer wieder erleben lässt. Das Unterbewusstsein macht dabei kaum einen Unterschied, ob Ihr Traumpartner Sie nun wirklich streichelt oder ob Sie es nur träumen.

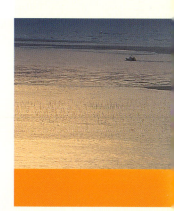

Eine Vorstellung genügt – und schon verspannt oder entspannt sich Ihr Gesicht, wirkt es sympathisch oder abweisend. Sie werden es nie erleben, dass Ihre Mundwinkel nach unten hängen, wenn Sie glücklich sind.

Nutzen Sie die Kraft Ihrer Vorstellung!

Sie können also mit Hilfe von Gedanken und Vorstellungen unbewusste Programme und die entsprechenden Emotionen unmittelbar abrufen. Sie konnten bei den Übungen sehen, wie Glückshormone in Sekunden die Stresshormone abbauen, die auch Ihr Gesicht unschön verändert hatten. Das Emotionale Training arbeitet deshalb gezielt mit intensiven Vorstellungen, die positive Gefühle wecken und so für wohltuende Glückshormonduschen sorgen.

Emotionen steuern unser Leben

ALLES EINE FRAGE DER HORMONE ...

Was ist denn nun ein »Hormoncocktail«? Was genau läuft im Körper ab, wenn wir traurig oder glücklich sind? Und wieso sind wir das überhaupt? Hormone sind ein Teil des ausgefeilten Kommunikationssystems unseres Körpers. Sinneseindrücke werden ans Gehirn weitergeleitet, dort analysiert und bewertet – und daraufhin wird eine hochkomplexe Reaktionskette ausgelöst, auf psychischer, körperlicher und Verhaltens-Ebene.

Mit welchem Gefühl wir reagieren, hängt von der Bewertung ab, wie also das Gehirn die Situation und die Möglichkeiten, mit ihr umzugehen, einschätzt: Wittert es Gefahr, läuft automatisch das uralte Programm »Erste Hilfe bei Gefahr« ab – mit psychischen und körperlichen Symptomen, die eine angemessene Reaktion ermöglichen sollen. Schlafstörungen zum Beispiel sind ein Teil dieses uralten Programms, denn wenn Gefahr droht, müssen wir in jedem Fall wach bleiben!
Solche Programme laufen genauso selbstständig ab wie alle überlebensnotwendigen Körperfunktionen, etwa Herzschlag oder Verdauung, Stoffwechsel und Schlaf.

WOZU SIND HORMONE GUT?

Jeder äußere Reiz löst ein hochkomplexes Geschehen im Körper aus. Sehr vereinfacht ausgedrückt (die Fachleute mögen mir verzeihen!): Die Information über den Reiz wird per Nervensystem ans Gehirn geleitet, dabei spielen so genannte Neurotransmitter – chemische Botenstoffe – eine wichtige Rolle. Schneller, als Sie bewusst denken können, in Bruchteilen von Sekunden, setzt das Gehirn dann alle Hebel in Bewegung, damit Sie situationsgerecht reagieren können. Alle Hebel – das heißt erst einmal: die Ausschüttung von Neurohormonen.
Hormone sind ebenfalls Botenstoffe, die von speziellen Zellen ausgeschüttet werden, um in anderen Zellen bestimmte Reaktionen auszulösen. Auf diesem Weg stimmen sie die Stoffwechselaktivitäten der Zellen aufeinander ab. Das ist notwendig, um angesichts der ständigen Einflüsse und Störungen aus der Umwelt das innere körperlich-seeli-

---

Jede Emotion, auch die »künstlich« durch Vorstellungskraft herbeigeführte, bewirkt die Ausschüttung bestimmter Signal- oder Botenstoffe im Körper, vor allem Neurotransmitter und Hormone.

ALLES EINE FRAGE DER HORMONE ...

sche Gleichgewicht aufrechtzuerhalten. Hormone bestimmen dabei unter anderem unser Verhalten, unsere Gefühle, sie beeinflussen sogar die Informationsverarbeitung im Gehirn, unser Schlafverhalten und unser Immunsystem (Seite 24). Hormone werden in Drüsen gebildet und über das Blut transportiert. Sie können gleichzeitig im neuronalen wie im hormonellen Kommunikationssystem wirken.

Die Ausschüttung von Hormonen wird durch Sinneswahrnehmungen, Emotionen, Schmerz, Stress, aber auch durch körpereigene Informationen gesteuert. Unter starker Belastung oder bei Fehlregulierung des Körpers kann das Hormonsystem auch entgleisen: Eine Über- oder Unterproduktion bestimmter Hormone stört dann das innere Gleichgewicht empfindlich.

> Die Aufgaben von Hormonen und Neurotransmittern sind nicht eindeutig zu trennen, weil beide sowohl im Nerven- als auch im Hormonsystem agieren.

Typische Hormoncocktails

Auf Zusammensetzung und Dosierung kommt es an

Zu jedem Gefühl, egal ob Angst, Eifersucht, Wut, Hass oder Liebe, wird ein ganzer Hormoncocktail ausgeschüttet, der jeweils typische Symptome auslöst.

Es gibt etwa zehn Basisemotionen, die durch jeweils andere Zusammensetzungen der Hormone und Neurotransmitter bestimmt werden.

● So empfinden Sie Freude, Glück, Euphorie oder Liebe, wenn Dopamine, Endorphine, Noradrenalin, Acetylcholin und weibliche Sexualhormone ausgeschüttet werden. Ihre Augen strahlen, die Haut ist glatt und rosig, Sie

gehen aufrecht und fühlen sich voller Energie.

● Sinnlichkeit und erotische Gefühle lassen auf die Zusammensetzung von Dopamin, Oxytocin und Noradrenalin schließen.

● Werden dagegen Melatonin, Acetylcholin, Kinine und Noradrenalin ausgeschüttet, so fühlen Sie sich ängstlich, unruhig und einsam. Sie möchten sich am liebsten im Bett verkriechen.

● Bei tiefer Trauer, Schwermütigkeit und Depression spielen untern anderem Melatonin, Serotonin und Gaba eine entscheidende Rolle.

(Nach J. Zehentbauer; siehe Bücher, die weiterhelfen, Seite 138)

Die pharmazeutischen Kopien sind kein Ersatz

Viele Schlafmittel, Psychopharmaka oder Antidepressiva wurden den körpereigenen Hormonen auf chemischem Weg fast identisch nachgemacht – allerdings mit begrenztem Erfolg. Denn die Nebenwirkungen sind bei diesen Medikamenten extrem stark, und die Abhängigkeit bei längerer Einnahme ist natürlich bedenklich.

Emotionen steuern unser Leben

Es gibt vermutlich eine Unzahl verschiedener Hormone, von denen erst relativ wenige wissenschaftlich erforscht sind. Jedes Gefühl wird durch einen Cocktail von 20 und mehr verschiedenen Hormonen und Neurotransmittern ausgelöst.

Antidepressiva muss man erst mindestens zwei Wochen lang einnehmen, bevor überhaupt eine Wirkung zu spüren ist. Die körpereigenen Hormone wirken dagegen sofort, weil sie in Sekunden und zu hundert Prozent durch die so genannte Hirnschranke gehen. Künstliche Hormone gehen dagegen nur zu einem Bruchteil durch diese Barriere.

Mit dem Emotionalen Training lernen Sie, wie Sie auf natürliche Weise, völlig unschädlich und viel effektiver Ihre körpereigenen Heilmittel mobilisieren.

Selbstverständlich gibt es Krankheiten wie bestimmte schwere Formen der Depression (Seite 78) oder Schilddrüsenfunktionsstörungen, die immer erst medikamentös behandelt werden müssen, um wieder Zugang zum lebendigen emotionalen Erleben zu finden. Aber auch hier muss der Patient lernen, sein Leben nach der Behandlung selbst in den Griff zu bekommen – und zwar über seine Emotionen.

PSYCHOSOMATIK UND PSYCHONEUROIMMUNOLOGIE

Jedes Gefühl wirkt sich auf körperlicher Ebene aus. Positive Gefühle stärken uns in jeder Hinsicht, negative Gefühle schwächen unseren Körper auf Dauer. Stress, Ängste und Depressionen sind Ursache vieler so genannter psychosomatischer Beschwerden und Krankheiten wie Schlafstörungen, Migräne, Tinnitus, Magen-Darm-Probleme, Wassereinlagerungen, Herz-Kreislauf-Beschwerden, Rückenschmerzen, Neurodermitis, Allergien, Asthma, Atembeschwerden und viele andere. Zusammenhänge zwischen seelischen und körperlichen Beschwerden, die die Schulmedizin lange ignoriert hat, sind heute wissenschaftlich nachgewiesen.

PNI – der wissenschaftliche Beweis

Dem Zusammenspiel von Körper, Geist und Seele widmet sich eine relativ junge naturwissenschaftliche Forschungsrichtung: die Psychoneuroimmunologie, kurz PNI. Sie verbindet die Psychologie mit der Neurologie und der Immunologie. Sie beschäftigt sich mit allen Aspekten der wechselseitigen Beziehungen zwischen Psyche, Nervensystem, Hormonsystem und den körpereigenen Abwehrkräften, dem Immunsystem.

Die PNI hat erforscht, dass unsere Gefühle alle biochemischen und physiologischen Vorgänge in unserem Körper beeinflussen – auch unsere Selbstheilungskräfte. Diese Erkenntnis wird die »klassische«

Schulmedizin stark verändern, denn sie wird sich immer mehr der Heilung des Menschen in seiner Gesamtheit widmen müssen – wie es die traditionellen Heilmethoden schon immer tun.
Durch die Erkenntnis, dass wir über Emotionen einen immensen Einfluss auf unsere Gesundheit haben, werden Methoden wie das Emotionale Training immer wichtiger.
Umgekehrt tragen wir damit auch mehr Verantwortung für uns und unsere Gesundheit. Denn wir können eine Menge dafür tun, uns unabhängig von der Medizin gesund zu erhalten, indem wir lernen, Emotionen gezielt heilsam einzusetzen.

Studien sprechen eine deutliche Sprache

In Amerika ergaben groß angelegte wissenschaftliche Studien, dass positive Gefühle vor Krankheit schützen können:
● Die Anfälligkeit für Erkrankung sinkt bei Menschen deutlich, die ihre täglichen Probleme konstruktiv angehen, sie als Herausforderungen und Reifungsprozesse annehmen. Ähnlich geht es Menschen, die gläubig sind und die im Leben einen Sinn sehen, egal welcher Religionsgemeinschaft sie angehören.
● In einer anderen Studie wurden 10.000 verheiratete Männer fünf Jahre lang beobachtet mit dem Ergebnis, dass Männer, die sich von ihren Frauen geliebt und unterstützt fühlten, an deutlich weniger Herzrisikofaktoren litten als die übrigen Männer.

»Leib und Seele sind nicht zwei Substanzen, sondern eine. Sie sind der Mensch, der sich selbst in verschiedener Weise kennenlernt.«

Carl Friedrich von Weizsäcker

Emotionen steuern unser Leben

Stress macht auf Dauer krank – ein gutes Betriebsklima trägt deutlich zu einem geringeren Krankenstand bei. Dieses Wissen nutzen heute viele Firmen, indem sie ihre Mitarbeiter in Seminare zur Verbesserung von Kommunikation, Konfliktlösungsstrategien, Stressabbau und zur Stärkung von Selbstbewusstsein und Motivation schicken.

● Eine weitere Studie an 567 Studenten ergab, dass Menschen, die ihre Gefühle nicht zeigen und sich seelisch nicht öffnen können, die Zärtlichkeiten weder geben noch annehmen können, wesentlich anfälliger für psychosomatische Beschwerden waren als die Studenten, die ihre Emotionen zeigten und auch auslebten.

● Weil Rückenschmerzen, Bandscheibenprobleme und Verspannungen für die Krankenkassen und Arbeitgeber ein bedeutendes finanzielles Problem darstellen, wurde von ihnen gemeinsam eine Arbeitsplatz-Studie in Auftrag gegeben. Zuerst untersuchte man die technischen Bedingungen am Arbeitsplatz, wie Stühle, Schuhe bei Stehberufen, Bewegungsabläufe während der Arbeit und so weiter, bis man schließlich beim Betriebsklima fündig wurde. Ein schlechtes Betriebsklima und Mobbing in der Firma wurden eindeutig als Hauptursachen von Rückenschmerzen ausfindig gemacht.

Wie kommt das? Ein schlechtes Betriebsklima und Mobbing bewirken psychischen Stress. Dadurch kommt es zur Ausschüttung von Stresshormonen. Das führt unter anderem zu Muskelanspannung und auf Dauer zu schmerzhaften Verspannungen.

Orthopäden gehen heute davon aus, dass 75 Prozent aller Rückenschmerzen psychisch bedingt sind.

GEFÜHLE – SCHLÜSSEL ZUR GESUNDHEIT

Unser körperliches Befinden wird also zu einem großen Teil von unseren Gefühlen beeinflusst. Vertrauen zu sich selbst und in sein Leben sowie die Unterstützung durch die Umwelt sind Grundelemente, die wir für ein harmonisches Leben brauchen.

Positive Gefühle sind notwendig, um uns selbst zu heilen. Sie sind der Schlüssel zu einem gesunden, glücklichen und erfolgreichen Leben!

Das Emotionale Training nutzt dieses Wissen. Es arbeitet mit starken Emotionen, die durch emotionale innere Bilder vermittelt werden. Die dadurch entstehenden Glücksgefühle bauen die Stresshormone Adrenalin und Cortisol ab, senken den Herzschlag und den Blutdruck. Durch den Abbau von Stresshormonen entwässert der Körper, die Darmfunktion wird normalisiert, psychosomatische Beschwerden und Krankheiten werden langfristig gelindert oder geheilt.

Praktisch alle Organfunktionen werden durch Glückshormone positiv beeinflusst, das Immunsystem wird gestärkt und die Regeneration jeder Körperzelle aktiviert. So sind Sie weniger anfällig für Infekte, sind voller Energie, bleiben länger jung – und können wieder seelenruhig schlafen.

LASSEN SIE DIE ALTEN PROGRAMME LOS

Sie können lernen, sich immer öfter und immer intensiver glücklich zu fühlen – unabhängig von der Situation. Denn die ist gar nicht so entscheidend für Ihr Wohlbefinden, wie Sie vielleicht denken. Viel mehr kommt es auf Ihre Sicht der Dinge an, darauf, wie Sie bewerten, was geschieht. Das heißt jetzt nicht, dass Sie alles krampfhaft durch eine rosarote Brille sehen sollen. Es heißt vielmehr, dass neben dem gewohnten Verhalten auch andere Perspektiven und Reaktionen möglich sind, die vieles leichter machen!

»*Ich weiß, dass ich die Dinge nicht so sehe, wie sie sind – ich sehe die Dinge so, wie ich bin.*«

Laurel Lee

DIE SACHE MIT DER BEWERTUNG

Ständig sind wir mit Sinneseindrücken beschäftigt. Und alles, was wir wahrnehmen, wird sofort bewertet. Wie Sie schon wissen, checkt das Gehirn jeden Sinnesreiz in Bruchteilen von Sekunden daraufhin ab, ob zu dieser Wahrnehmung schon Erfahrungen und ein Verhaltensprogramm existieren. Wenn ja, wird die entsprechende Emotion aktiviert und ein bestimmter Hormoncocktail ausgeschüttet. Das hat durchaus seinen Sinn, denn in vielen Situationen ist es überlebensnotwendig, blitzschnell instinktiv zu reagieren.
Oft aber wäre es hilfreich, die Situation erst einmal wertneutral zu registrieren. Denn dann müssten wir nicht gleich in ein fertiges Gefühlsmuster hineinstolpern. Wir könnten mehr und differenzierter wahrnehmen, Unterschiede zu der alten, prägenden Situation erkennen – und würden vermutlich anders reagieren. Das schnelle, automatische Bewerten macht die Wahrnehmung eingleisig. Wir sehen dann nur, was wir kennen und was wir erwarten.

Ein Bild, zwei Bewertungen

Wie wir etwas bewerten, hat viel mit unserer inneren Einstellung und unserer Grundstimmung zu tun:
Angenommen, Sie haben Liebeskummer, stehen bei Sonnenuntergang allein am Meer. Sie sind traurig und empfinden die untergehende Sonne wie einen Abschied, das Ende einer Liebe, die im Meer versinkt.

Unterbewusste Programme sind alte Konditionierungen: Ein ursprünglich neutraler Reiz löst eine reflexartige Reaktion aus – ein Gefühl und/oder ein Verhalten. Diese spezielle Verknüpfung wurde durch Wiederholung oder in einer emotional bedeutsamen Situation gelernt und im Unterbewusstsein gespeichert.

Sie fühlen sich einsam, ungeliebt und werden immer melancholischer. Derselbe Sonnenuntergang: Sie stehen ebenfalls allein am Meer, sind allerdings glücklich, weil Sie Ihr Examen bestanden haben, frisch verliebt sind oder gerade von einer schmerzhaften Krankheit genesen. In all diesen Fällen werden Sie den Sonnenuntergang, euphorisch vor Glück, als packendes Naturschauspiel sinnlich wahrnehmen. Die versinkende Sonne werden Sie, symbolisch für die Vergangenheit, freudig verabschieden und glücklich auf den neuen Tag warten und denken: »Heute fängt ein neues Leben an.«
Der Sonnenuntergang ist in beiden Situationen derselbe, aber Ihre Bewertung ist eine andere.

Aus Konditionierungen aussteigen

Sie müssen also auf einen Reiz oder eine Situation nicht immer zwangsläufig gleich reagieren, Sie müssen Ihre bestehenden Programme nicht als gegeben hinnehmen und sich damit abfinden. Was Ihnen bisher Stress oder Angst gemacht hat, wird Sie bald kaum noch aus der Ruhe bringen können – wenn Sie Ihre innere Haltung ändern, Ihr altes Stressprogramm umprogrammieren.
Situationen, die bereits geschehen sind, können Sie natürlich nicht mehr verändern. Sie können ihnen aber neue Bewertungen zuordnen – und dadurch Ihre Hormonbalance wieder ins Lot bringen. Wenn Sie also eine bestimmte Situation, wie den Sonnenuntergang, mit negati-

ven Bewertungen gespeichert haben, können Sie durch neue emotionale Bilder zu positiven Bewertungen kommen. Solche Um- oder Neuprogrammierungen werden durch starke Gefühle ermöglicht. Mit dem Emotionalen Training lernen Sie, wie das geht.

AUF DIE PERSPEKTIVE KOMMT ES AN

Wie Sie eine Situation bewerten, hängt auch entscheidend von Ihrem Blickwinkel ab. Die beste Methode, unglücklich zu sein: Immer unzufrieden und neidvoll nach oben zu blicken, auf die, denen es vermeintlich besser geht als Ihnen, denn die Leiter nach oben endet nie. Selbst, wenn Sie Ihre Villa am Meer hätten, würden Sie mit dieser Einstellung weiter nach oben schielen, zu denen, die eine noch größere Villa haben, oder zu denen, die schöner und jünger sind als Sie.

Schauen Sie lieber mal nach unten – das relativiert Ihr Unglück und macht zufriedener.

Entscheidend dabei ist allerdings, dass Sie die Distanz überwinden und sich wirklich *einfühlen* in die Situation der anderen. Auch hier sind die Gefühle entscheidend, nicht die Gedanken.

Nur dann, wenn wir mit-fühlen, vermeiden wir Überheblichkeit gegenüber jenen, denen es schlechter geht als uns. Und wir empfinden Dankbarkeit dafür, wie gut es uns geht!

> *»Sich aufzuregen über das, was man nicht hat, heißt das zu vergeuden, was man tatsächlich hat.«*
>
> *Ken Keyes Jr.*

Übung: Ein anderer Blickwinkel

➤ Stellen Sie sich vor, Sie sitzen im Gasthaus mit einem älteren Mann an einem Tisch. Er ist seit Jahren arbeitslos und von der Sozialhilfe abhängig. Er lebt allein in einem winzigen, ärmlich möblierten Zimmer und heizt mit einem Kohleofen. Ein Bad hat er nicht.

Erzählen Sie dem Mann nun von sich. Was Sie erlebt haben, wie Sie leben, wo Sie leben und was Sie besitzen. Und dann erzählen Sie ihm, was Ihnen zum Glück fehlt, was Sie ärgert, was Sie ängstigt.

Dann stellen Sie sich vor, wie der Mann anschließend nach Hause in sein kleines miefiges Zimmer geht und über Sie nachdenkt. Was glauben Sie: Hält er Sie für einen glücklichen oder für einen unglücklichen Menschen? Können Sie fühlen, dass Sie für den anderen wie ein Prinz oder eine Prinzessin leben? Dann geht es Ihnen sicher gleich besser!

Gehen Sie intensiv in diese Vorstellung hinein, malen Sie sich alles genau aus! Lassen Sie sich einige Minuten Zeit dafür.

Emotionen steuern unser Leben

> Für Dankbarkeit brauchen wir immer den Vergleich – zu früher oder zu anderen –, der uns verdeutlicht: Alles ist relativ. Denn erst, wenn wir unten waren oder auch nur nach unten schauen, erleben wir unseren tatsächlichen Zustand als Glückszustand, für den wir wirklich dankbar sein können.

Alles ist relativ

Als mein Sohn anderthalb Jahre alt war, stürzte er bei einem Kletterakt aus dem Bett und musste mit Schädelbasisbruch in die Kinderklinik eingeliefert werden. Ich verbrachte drei Wochen mit ihm zusammen in einem Mutter-Kind-Zimmer auf einer Krebsstation, wo nur Kleinkinder mit Hirntumoren lagen. Wenn ich mich mit den bemitleidenswerten Müttern auf den Gängen unterhielt, hatte ich fast ein schlechtes Gewissen, weil mein Kind »nur« einen Schädelbasisbruch hatte, der, wie ich wusste, in diesem Alter relativ schnell und gut verheilt. Darüber war ich, so seltsam sich das anhört, dankbar und glücklich. Ich kam mir vor wie die Einäugige unter den Blinden, als ob ich das große Los gezogen hätte.

Ähnlich ging es einer älteren Dame, die an einer schweren Blutkrebskrankheit litt. Sie war dadurch so geschwächt, dass sie das Haus nicht mehr verlassen konnte. Nachdem sie durch ein neues Medikament wieder zu mehr Kräften kam, erlebte sie bei ihren ersten Spaziergängen und Cafébesuchen in der Stadt ein euphorisches Glücksgefühl. Ihr war bewusst geworden, wie dankbar sie sein konnte, wieder die kleinen Freuden des Lebens genießen zu dürfen.

Erika: Wie Vergleichen helfen kann

Erika, eine Seminarteilnehmerin mit einem schwer behinderten Kind, erzählte mir, dass sie mit Hilfe dieser Technik ein jahrelanges Schmerzprogramm von jetzt auf gleich abbauen konnte.
Durch ihr finanzielles Vermögen war sie in der Lage, das Beste für ihre Tochter zu ermöglichen. In zehn Jahren unermüdlicher Fürsorge schaffte sie es, ihre Tochter trotz Behinderung optimal zu fördern und ihr Kind glücklich zu machen. Trotzdem blickte sie neidisch auf die vielen jungen Mütter, die unbeschwert mit ihren Kindern auf dem Spielplatz herumtollten, und sie blickte wehmütig auf die Kinder, die ohne Probleme in die Schule gingen und adrett und nett anzusehen waren. Alles Bilder, die sie unglücklich machten und quälten, die bei ihr Frust, Stress und Angst auslösten.
In einem Fernsehbericht über die Aktion Sorgenkind erfuhr Erika von einer allein erziehenden Mutter mit vier Kindern, eines war schwer behindert. Die Familie wurde von der Sozialhilfe unterstützt. Die Frau musste nachts Taxi fahren, um dazuzuverdienen und sich tagsüber um die Kinder kümmern zu können.
Dieses Schicksal machte Erika bewusst, wie gut es ihr doch ging. Und durch dieses Glücksgefühl löste sich ihr Schmerz endlich auf.

LASSEN SIE DIE ALTEN PROGRAMME LOS

VERTRAUEN IST (KEINE) GLÜCKSSACHE

Sie müssen Glücksgefühle empfinden, um Ihre Glückshormone zu aktivieren. Was aber ist eigentlich Glück? Überlegen Sie sich einmal, in welchen Situationen Sie wirklich glücklich waren. Wenn ich diese Frage in meinen Seminaren stelle, bekomme ich zur Antwort: auf meiner Hochzeit, bei der Geburt meiner Kinder, nach der bestandenen Prüfung, als ich beruflichen Erfolg hatte und so weiter.

Wenn ich dann genauer wissen will, *warum* jemand in diesen Situationen so glücklich war, so bekomme ich nach einigem Überlegen immer die etwa gleiche Antwort: »Ich hatte das Gefühl, dass mir niemand mehr etwas anhaben konnte.« Das bedeutet nichts anderes als: *Ich hatte keine Angst mehr, ich hatte Vertrauen zu mir selbst und in mein Leben. Ich konnte endlich mal loslassen.*

Loslassen heißt das Zauberwort

Stellen Sie sich vor, Sie hängen an einem Ast. Unten steht jemand und sagt: »Lass los!« – Wann lassen Sie los? Wenn Sie Vertrauen haben.
Vertrauen haben heißt, loslassen zu können und keine Angst mehr zu haben – in jeder Lebenssituation: Altes loslassen, Ängste loslassen … uns dem Neuen, Unbekannten anvertrauen.

Vertrauen haben zu können, ist Grundlage fürs Glücklichsein. Dem laufen wir oft ein Leben lang hinterher, weil wir uns selbst nicht wirklich vertrauen, geschweige denn anderen. (Selbst-)Vertrauen können Sie aber lernen. Ab Seite 91 erfahren Sie, wie.

»Das höchste Glück des Menschen ist die Befreiung von der Furcht.«

Walther Rathenau

Fragen zum Glück

➤ Überlegen Sie, wann Sie in Ihrem Leben euphorisch vor Glück waren:

als Sie verliebt waren,
als Sie eine wichtige Prüfung bestanden hatten,
als Sie besonderen Erfolg im Beruf hatten,
als Sie von einer schweren Krankheit genesen waren,
als Sie unerwartet zu Geld kamen,
nach einem Sieg, beispielsweise in einer sportlichen Disziplin,
nach der Geburt Ihres Kindes,
………

➤ Und überlegen Sie dann, *warum* Sie damals so besonders glücklich waren! Sie werden vermutlich feststellen, dass es immer wieder mit Vertrauen und vor allem mit Selbstvertrauen zusammenhing.

31

Emotionen steuern unser Leben

DAS »KLEINE« GLÜCK

Natürlich kann es nicht immer um das »große« Glück gehen. Letztlich wichtiger ist das »kleine« Glück, die Glücksmomente im Alltag. Die entstehen zum Beispiel dann, wenn wir uns einer Sache ganz hingeben, wenn wir uns in etwas vertiefen und uns damit identifizieren.
Die Zeitschrift »*Psychology Today*« führte eine große Umfrage unter 52 000 Lesern durch mit der Frage: »Was bedeutet für Sie Glück?« Das Ergebnis lässt sich mit folgendem Bild beschreiben: Glücklich macht es mich, wenn ich meinen eigenen Garten pflege und nicht den Garten des Nachbarn begehre.
Glück bedeutet auch, die kleinen Dinge im Leben wahrzunehmen, dankbar zu sein für seine Gesundheit und sein Hab und Gut, für gute Freunde und seine Familie. Menschen sind dankbar und glücklich, weil ihnen bewusst ist, wie schön es ist, sehen, hören, schmecken, riechen und spüren zu können, also intensiv über die fünf Sinne wahrnehmen zu können. Das alles macht glücklich – und zwar so glücklich, dass Unmengen von Glückshormonen ausgeschüttet werden, die gesund und jung machen und das Immunsystem stärken.

GEFÜHLE MACHEN DAS LEBEN REICHER

Kinder leben noch ganz in ihren Emotionen. Wenn sie traurig sind, kullern dicke Tränen über ihre Wangen, und Sekunden später können sie wieder lachen, wenn sie aufgeheitert werden. Leider verschwinden diese echten Gefühlsäußerungen meist schnell, denn Kinder werden noch immer dazu erzogen, ihre Emotionen nicht zu zeigen. Dabei wäre die Welt reicher, wenn das nicht so wäre, wenn Jungen weinen dürften und nicht immer stark sein müssten – und wenn Mädchen ihre Wut zeigen dürften und nicht immer nur brav zu sein hätten.

Leben Sie Ihre Gefühle!

Wer so erzogen wurde, hat gelernt, seine Gefühle zu verdrängen und kann sie oft kaum noch wahrnehmen. Der erste Schritt zu einem glücklicheren Leben ist deshalb, ganz bewusst den eigenen Gefühlen nachzuspüren und ihnen zu erlauben, da zu sein.
Und geben Sie Ihren Gefühlen auch Ausdruck. Lassen Sie sich nicht mehr davon abhalten. Sicher kennen Sie das: Ein emotional ausdrucksstarkes Gesicht berührt uns, ob es nun besonders entspannt, fröhlich oder traurig ist. Wir haben Vertrauen zu Menschen, die ihre

»Mancher versäumt das kleine Glück, während er vergeblich auf das große wartet.«

Pearl S. Buck

LASSEN SIE DIE ALTEN PROGRAMME LOS

Gefühle zeigen, weil sie uns offen entgegenkommen und wir uns deshalb selbst leichter öffnen können. So werden Sie echte Zuwendung und Liebe eher bekommen, wenn Sie Ihre Emotionen leben, wenn Sie weinen, lachen, fluchen, wenn Sie den Mut haben, Sie selbst zu sein.

Andere spüren übrigens genau, ob Sie wirklich glücklich und positiv gestimmt sind oder ob Sie nur versuchen, positiv zu wirken … Denn nicht das positive *Denken*, sondern das positive *Fühlen* ist entscheidend.

Lernen Sie deshalb mit dem Emotionalen Training, positive Gefühlsprogramme zu installieren und abzurufen! Lernen Sie, Ihre Gefühle wieder zu leben, indem Sie Ihr Selbstbewusstsein stärken und Ihre Ängste abbauen. Dann können Sie auch anderen Menschen wieder Ihre wahren Gefühle zeigen, weil Sie keine Angst mehr haben, verletzt zu werden.

Mein Tipp!

Das Glück, dem Sie vielleicht schon ein Leben lang hinterherlaufen, werden Sie nur in sich selbst entdecken. Dieses Glück ist unabhängig von anderen Menschen oder von äußerem Reichtum. Sie müssen nur eines tun: Täglich Ihre körpereigenen Hormone durch das Emotionale Training gezielt einsetzen.

DAS GLÜCK LIEGT NUR IN IHNEN!

Vielleicht sind Sie noch immer skeptisch, ob es denn wirklich möglich ist, Glück zu empfinden, wenn Sie es wollen, sozusagen auf Abruf. Das ist ganz einfach: Indem Sie lernen, Ihre Emotionen bewusst einzusetzen und damit Ihre Glückshormone zu aktivieren.

Sie sind nicht mehr schwach und abhängig wie ein kleines Kind. Sie sind erwachsen und für Ihr Leben allein verantwortlich.

Übung: Wie möchten Sie leben?

Vielleicht haben Sie Angst vor dem Ungewissen, das auf Sie zukommt, wenn Sie Ihr Leben verändern.
➤ Dann schließen Sie die Augen und stellen Sie sich vor, wie Ihr Leben in drei, in fünf und in zehn Jahren aussehen wird, wenn Sie nichts ändern. Was fühlen Sie? Wollen Sie so weiterleben?

Wenn Sie ehrlich mit *Nein* antworten, dann wird es Zeit, etwas zu ändern. Mit dem Emotionalen Training wird Ihnen das gelingen! Lernen Sie Schritt für Schritt mit dem Trainingsprogramm, sich selbst anzunehmen und zu lieben. Denn das ist das Fundament, um selbstbewusst und glücklich durchs Leben zu gehen. Warten Sie nicht, fangen Sie gleich damit an. Denken Sie daran: Keiner kann Sie glücklich machen, nur Sie selbst!

KAPITEL II

Trainieren
Sie Ihre
Emotionen!

Nutzen Sie die Kraft emotional starker innerer Bilder! Ab heute dürfen Sie nach Herzenslust tagträumen, Ihre innere Stimme lauter nette Sachen zu sich sagen lassen und in geführten Visualisationen eine Glückshormondusche nach der anderen nehmen. Ab heute darf es Ihnen richtig gut gehen! Mit den folgenden Übungen schaffen Sie das Fundament für ein glückliches, erfülltes Leben.

Trainieren Sie Ihre Emotionen!

SO WERDEN SIE IHR EIGENER COACH

Freude, Liebe, Geborgenheit, Vertrauen zu spüren, danach haben wir alle große Sehnsucht. Wenn wir uns elend fühlen, überfordert, gestresst, ängstlich, ohne Energie – dann wäre es so schön, wenn wir Trost und Hilfe bekämen ... Auf den Retter müssen Sie nicht mehr warten! Sie haben den Schlüssel zu Ihrer eigenen inneren Quelle der Freude, zu kraftvollen positiven Emotionen schon in der Hand. Nutzen Sie ihn!

Sie wissen bereits: Mit dem Verstand kommen Sie nicht weiter, wenn es um Gefühle geht. An Emotionen kommen Sie nur auf derselben Ebene – mit allem, was Gefühle auslöst: zum Beispiel mit Musik, Gerüchen oder intensiven Visualisierungen. Diese Einsicht nutzt das Emotionale Training und arbeitet deshalb mit starken Emotionen, die durch innere Bilder vermittelt werden. Denn nur, wenn Sie etwas stark fühlen, können neue innere Programme gespeichert und alte Muster umprogrammiert werden. Es sind immer die Emotionen, die etwas bewirken, nicht der Verstand.

»Wenn ihr's nicht fühlt, ihr werdet's nicht erjagen.«

Johann Wolfgang von Goethe, Faust I

DIE QUELLEN DES GLÜCKS ERSCHLIESSEN

Jeder von uns trägt eine Vielzahl von Bildern in sich, die starke positive oder negative Gefühle auslösen. Nur haben wir nicht gelernt, dieses enorme Potential zu nutzen und die Bilder abzurufen, um gezielt (positive) Gefühle zu spüren. Genau diese Quellen des Glücks werden durch das Emotionale Training »angezapft«. Lernen Sie, wie Sie »hormonelle Glücksduschen« nehmen und in das Reich Ihrer positiven inneren Bilder eintauchen können!
Wenn Sie die Elemente des Emotionalen Trainings erlernen und anwenden, werden Sie Ihre persönliche Situation emotional neu bewerten. Sie werden lernen, gezielt Glückshormone auszuschütten, die Ihre Stresshormone in Sekunden abbauen. Dadurch werden die *Ursachen*, und nicht nur die Symptome, von Stress, Ängsten, Depressionen und Schlafstörungen behoben. Die psychosomatischen Begleiterscheinungen, also die körperlichen Auswirkungen von Stress und Ängsten,

SO WERDEN SIE IHR EIGENER COACH

Emotionales Training: das Programm

Das Emotionale Training besteht aus verschiedenen Elementen:

Tagträumen (Seite 40)

Ein einfacher Weg, Glückshormone zu aktivieren, sich glücklicher, entspannter und ausgeglichener zu fühlen und Ziele motivierter anzugehen.
➤ Nutzen Sie also ruhige Minuten zum ganz gezielten Tagträumen.

Emotionale Affirmationen (Seite 43)

Sie können sich selbst mit wohltuenden, stärkenden Worten unterstützen.
➤ Sprechen Sie sich Ihre Affirmationen täglich möglichst oft vor. Mindestens einmal am Tag im entspannten Zustand: Die fünfte »Harmony« ist speziell dafür gedacht.

Die inneren Schmerzbilder verwandeln (Seite 83)

Finden Sie neue Bewertungen für Ihre Lebenssituation. Nehmen Sie manches mit mehr Humor, lassen Sie Gefühle zu, bauen Sie Wut und Hass ab. Lernen Sie, sich selbst zu lieben.
➤ Sie werden hier viele Tipps und Übungen finden, die Sie durch diesen Prozess begleiten.

»Energy-Harmonys« (Seite 53)

Gönnen Sie sich täglich Ihre »Glückshormondusche« mit emotional starken, geführten Phantasiereisen.
➤ Morgens, am besten gleich nach dem Wachwerden, sollten Sie eine der ersten vier »Energy-Harmonys« auf CD hören (Seite 41) und anschließend die fünfte »Energy-Harmony« mit Ihren eigenen Affirmationen.

Traumbilder (Seite 118)

Das sind »Gute-Nacht-Geschichten«, die Sie in tiefen, erholsamen Schlaf sinken lassen.
➤ Hören Sie jeden Abend im Bett eines der drei Traumbilder.

Entspannungsübung (Seite 123)

Wunderschöne innere Bilder führen Sie zu Ruhe und Gelassenheit.
➤ Machen Sie sie bei Bedarf – und abends nach dem Traumbild, wenn Sie noch nicht eingeschlafen sind.

Tipps zum Training

➤ Überlegen Sie sich am besten gleich, wann für Sie die beste Zeit ist, das Trainingsprogramm zu machen. Sonst besteht die Gefahr, dass Sie zwar gute Vorsätze haben, aber allerlei Ausreden finden werden, warum es gerade heute nicht so gut passt.
➤ Es ist auch wichtig, dass Sie über einen längeren Zeitraum, am besten ein halbes Jahr, konsequent trainieren. Zwar wirken die emotionalen Bilder und Affirmationen meist unmittelbar. Um sie aber dauerhaft in Ihrem Unterbewusstsein zu installieren, bedarf es längerer Wiederholung.
➤ Zu Ihrem Trainingsprogramm sollten immer die abendlichen Übungen des Emotionalen Schlaftrainings gehören – auch wenn Sie nicht an Schlafstörungen leiden. Denn die Traumszenen werden Ihnen Ruhe, ein wohliges Gefühl und Urvertrauen vermitteln – und was wollen Sie mehr, als mit diesen Gefühlen entspannt einzuschlafen?!

Ihre Gedanken sind frei – Sie haben die Wahl, welche inneren Bilder Ihre Gefühle bestimmen. Geben Sie ab jetzt den starken, positiven und liebevollen Bildern Raum!

können Sie selbst durch das Emotionale Training beheben. Mit dem Programm lernen Sie, in Eigenverantwortung Ihre körpereigenen Drogen (Seite 9) wie ein genau auf Ihre Bedürfnisse abgestimmtes Medikament einzusetzen – ohne Kosten und Nebenwirkungen, allzeit verfügbar.

Durch das gezielte Arbeiten mit Emotionen werden Stoffwechsel, Magen-, Darm- und Nierenfunktion stark angeregt und die Haut wird besser durchblutet. Sie sind voller Energie. Sie fühlen sich bedeutend jünger – und sehen auch so aus! Denken Sie an einen Menschen, der frisch verliebt ist. Jeder bemerkt sofort, dass der oder die Glückliche um Jahre jünger aussieht.

DIE KRAFT DER EMOTIONEN NUTZEN

Emotionen kann jeder spüren. Darum kann auch jeder mit diesem Programm arbeiten. Sie müssen nur selbst Regie führen mit Ihren inneren Bildern. Denn Sie können nur das positiv erleben und empfinden, was Sie schon erlebt haben oder kennen. Freude, Wut, Angst, Einsamkeit, Ergriffenheit, Trauer, Liebe, Mitleid, Hass und sexuelle Erregung – all das sind Emotionen, die jeder von uns kennt. Wir rufen diese Gefühle immer wieder unbewusst ab, wenn wir beispielsweise einen Film sehen, ein Buch lesen, wenn uns eine Geschichte erzählt wird oder auch, wenn wir nachts träumen. Das Unterbewusstsein

SO WERDEN SIE IHR EIGENER COACH

macht keinen Unterschied zwischen Realität und Traumbildern. Die Emotionen und damit der Hormoncocktail sind gleich.

Mit dem Emotionalen Training lernen Sie, Ihre positiven Emotionen *bewusst* abzurufen und sie gezielt einzusetzen, um Stresshormone abzubauen und so die Hormonbalance wiederherzustellen.

Lust oder Frust – eine Frage der inneren Bilder

Eine Frau, die beispielsweise gerne kocht oder putzt, unterscheidet sich von einer anderen, die das nicht gerne tut, durch die inneren Bilder, die sie damit verbindet. So sieht die Frau, die gerne putzt und kocht, die saubere Wohnung vor ihrem inneren Auge, sie riecht die Frische und die Essensdüfte, sieht ihre Familie und Freunde gemütlich am schön gedeckten Tisch sitzen, das Essen und die Unterhaltung genießen und ihre Kochkünste loben. All das löst in ihr Glücksgefühle aus und motiviert sie, gerne zu putzen und zu kochen.

Eine Frau, die nicht gerne putzt und kocht, sieht dagegen ihre aufgequollenen Hände im dreckigen Putzwasser nach dem Lappen fischen, sieht sich beim Fensterputzen in der Zugluft stehen und gelangweilt den Staubsauger hin und her schieben. Sie sieht sich allein einkaufen und Kartoffeln schälen, im Bratfettdunst in der Küche stehen, und sie sieht ihre Familie das Essen hinunterschlingen, um sich wieder eilig aus dem Staub zu machen und vor der Küchenarbeit zu drücken.

Sie werden in den nächsten beiden Kapiteln lernen, wie Sie auch ganz banale, alltägliche Dinge und Unannehmlichkeiten mit dem Emotionalen Training radikal verändern können. Denn oft belasten gerade sie uns. Denken Sie nur an Arbeiten, die Sie ständig vor sich herschieben, wie die Steuererklärung oder das Aufräumen des Schreibtisches. Jeder kennt das Gefühl, wenn so etwas endlich getan ist. Erleichterung und tiefe Befriedigung füllen uns dann aus – echte Glücksgefühle.

Dabei dient zur Motivation nicht die Vorstellung von der Arbeit als solcher, sondern das bekannte Glücksgefühl, wenn die Arbeit erledigt ist. Mit diesem Glücksgefühl können Sie sich motivieren, anstehende Arbeiten und Aufgaben gerne zu tun. Sie müssen nur lernen, Ihr Unterbewusstsein *für* und nicht *gegen* sich arbeiten zu lassen. Ich werde Ihnen mit dem Emotionalen Training zeigen, wie das geht.

Dazu stelle ich Ihnen im Folgenden die einzelnen Elemente des Trainingsprogramms vor und zeige Ihnen einfache erste Übungen, die Ihr Wohlbefinden sofort verbessern. Die folgenden Kapitel bieten dann spezielle Übungsprogramme gegen Stress, Ängste, Depressionen und Schlafstörungen. Sie werden sehen: Glücklich können Sie sich auch selbst machen – und es ist viel einfacher, als Sie denken!

Motivation bedeutet, die Glücksgefühle, die Sie beim Erreichen des Zieles spüren werden, schon auf dem Weg zu erleben. Lassen Sie Ihr Unterbewusstsein *für* sich, nicht gegen sich arbeiten!

Trainieren Sie Ihre Emotionen!

IHR INNERES KINO

Der erste Schritt zum Ziel: Träumen Sie vom Glück! Wenn Sie sich Ihre Wünsche in bunten Farben ausmalen und auch die entsprechenden Gefühle in Ihren Tagträumen erleben, tut das gut – und Sie werden für die Realisierung viel mehr Kraft mobilisieren.

TAGTRÄUME MACHEN GLÜCKLICH

Auch wenn Sie von klein auf gelernt haben, »nicht immer zu träumen« – tun Sie es trotzdem! Denn Psychologen wissen es längst: Tagträume machen glücklich, entspannt und ausgeglichen. Sie stärken das Selbstvertrauen und das kreative Potential und helfen, Strategien zur Problemlösung zu finden.

Außerdem können Sie durch Tagträume starke Glücksgefühle erleben und dadurch Stresshormone abbauen. Entgegen alten Vorurteilen bewirken Tagträume nämlich keinen Realitätsverlust, sondern helfen dabei, die Realität zu verändern, sich also weiterzuentwickeln.

Wenn Sie durch Tagträume Wünsche und Ziele aus Ihrem Innersten emotional erleben, so ist das die stärkste Motivation, diese Ziele auch zu erreichen. Denn wenn Sie schon jetzt die Glücksgefühle erleben können, die Sie bei der Verwirklichung Ihrer Wünsche spüren, werden Sie alles daran setzen, Ihr Ziel – und die damit verbundenen Gefühle – zu erreichen. Denken Sie daran: Erfolgreiche Menschen haben immer an ihr Ziel geglaubt und es gefühlt!

Das Unterbewusstsein setzt Tagträume als Schutzprogramm ein, um Stresshormone abzubauen.

Übungen

➤ Legen Sie ein Buch an, in dem Sie Ihre Tagträume schriftlich festhalten. Es ist für Sie interessant, auch ältere Tagträume immer wieder zu lesen. In Ihren Tagträumen können Sie Ihre Wünsche und Ziele visualisieren und diesen Film vor Ihrem geistigen Auge ablaufen lassen.

➤ Träumen Sie sich im Alltag immer wieder weg: Kurze Momente, in denen Sie aus dem Fenster schauen und Ihren Gedanken und Ihrer Phantasie freien Lauf lassen, haben hohen Erholungswert.

➤ Mit Musik können Sie das emotionale Erleben sehr verstärken, während Sie Ihre Wünsche und Ziele visualisieren. Hören Sie also dazu heitere klassische Musik oder die instrumentalen Versionen der Musik auf meiner Trainings-CD.

IHR INNERES KINO

Hanna: Durch Tagträume gerettet

Wie wirkungsvoll Tagträume sein können, zeigt das Beispiel einer meiner Seminarteilnehmerinnen. Es ist ganz typisch für Kinder, die traumatische Erlebnisse oder eine trostlose Kindheit hatten.
Hanna wurde von ihrer Stiefmutter immer, wenn sie etwas angestellt hatte, in den Keller gesperrt. Dort schraubte die Stiefmutter alle Glühbirnen heraus, weil sie wusste, dass Hanna panische Angst vor Dunkelheit hatte. So sollte Hanna gefügig gemacht werden. Hanna aber entwickelte eine Strategie, um diese Situation zu verkraften. Sie träumte, sie wäre eine Prinzessin, die von ihrer bösen Stiefmutter im Burgverlies gefangen gehalten wurde, nur weil sie schön und gut war. Doch ein Prinz, der sich unsichtbar machen konnte, kam und holte sie aus dem Verlies heraus in sein Schloss. Die böse Stiefmutter aber wurde bestraft und musste bis an ihr Lebensende als Magd im Schloss arbeiten.
Wenn die Stiefmutter sie wieder aus dem Keller ließ, ging Hanna jedes Mal lächelnd und erhobenen Hauptes an ihrer Stiefmutter vorbei.
Hätte Hannas Unterbewusstsein diese Strategie nicht entwickelt, so wäre ihre Hormonbalance auf gefährliche Weise verändert worden: Alpträume, Schlafstörungen und ein Zusammenbruch des Immunsystems wären die natürlichen Folgen gewesen. Hanna hatte nichts von alledem.

»*Das Träumen ist der Sonntag des Gedankens.*«

Marie von Ebner-Eschenbach

PHANTASIEREISEN UND TRAUMBILDER

Im Unterschied zu Tagträumen lassen Sie bei Phantasiereisen und den »Traumbildern« des Emotionalen Trainings Ihren inneren Bildern nicht freien Lauf, sondern lenken diese gezielt.
Sie können dazu Ihre Wünsche aufschreiben und sie wie einen Film mit vielen Details vor dem inneren Auge ablaufen lassen. Spüren Sie die Freude, die Ergriffenheit und den Frieden, wenn Sie Ihre Wünsche innerlich erleben.
Es ist übrigens gut, wenn Sie Ihre inneren Bilder immer wieder kreativ verändern. Das erhält sie lebendig und kraftvoll!

Lassen Sie sich führen

In diesem Buch (und auf der dazu produzierten CD) finden Sie geleitete Phantasiereisen, die »Energy-Harmonys« (Seite 53) und Traumszenen (Seite 118), in denen ich Sie an der Hand nehme und in diese inneren Welten begleite. Über starke Glücksgefühle, die Sie erleben, werden neue positive Informationen installiert, die Ihr Leben verän-

Trainieren Sie Ihre Emotionen!

dern können. Archaische Bilder vermitteln Urvertrauen und Suggestionen, die genau in diese Bilder passen, bewirken starke Emotionen.

Musik verstärkt die Wirkung

Auf der CD werden die Worte mit Musik untermalt, die wie Filmmusik speziell zu den Szenen und Suggestionen komponiert wurde. Welch entscheidende Wirkung Musik hat, wird klar, wenn Sie an einen Film ohne Musik denken: Er wird Sie nie tief berühren können. Und so ist es auch bei den »Traumszenen« und den »Energy-Harmonys«: Die Musik macht die Bilder lebendig und lässt Sie starke Gefühle erleben, weckt Erinnerungen und bewirkt Veränderungen.

Sie werden die Veränderung bald spüren

Egal, ob es sich um Ihre Lebenssituation oder Ihre Persönlichkeit handelt, die Sie verändern wollen, ob es Ihre Wünsche oder Ziele sind, die Sie als inneren Film positiv erleben: Sie werden schon nach kurzer Zeit feststellen, dass Sie sich wirklich verändern. Sie fühlen sich bald selbstbewusster und stärker, als ob Ihnen Flügel wüchsen, die Ihnen helfen, alle Dinge im Leben positiv und optimistisch anzugehen. Energieblockaden, die Sie vielleicht als psychosomatische Beschwerden oder Krankheiten spüren, verschwinden oft ganz. Glückshormone regen Ihren Stoffwechsel und den Energiefluss an. Die Verdauung und die Entwässerung des Körpers funktionieren stärker als sonst.

Die »Traumbilder« und »Energy-Harmonys« des Emotionalen Trainings helfen auch, alte negative Bilder, die Sie in Stress versetzen oder durch die Sie deprimiert werden, zu löschen.

> *Wenn Sie mit dem Emotionalen Training arbeiten, werden Ihnen Flügel wachsen. Zitat einer meiner Seminarteilnehmerinnen: Ich habe das Gefühl, erst wirklich zu leben, seit ich das Training mache.*

Übung: Träumen Sie von Ihren Wünschen und Zielen

► Stellen Sie sich vor, wie Sie sich fühlen, nachdem Sie ein Ziel erreicht haben, wenn Sie sich beispielsweise selbstständig gemacht haben und beruflich erfolgreich sind.
► Wie fühlen Sie sich, wenn Sie von Ihren Freunden und Ihrem Partner bewundert werden?
► Wie fühlen Sie sich, wenn Sie Ihre Wohnung nach Ihren Wunschvorstellungen eingerichtet haben?

Fühlen Sie Ihr Ziel!

► So können Sie die Übung noch verstärken: Machen Sie die erste »Energy-Harmony« (Seite 55) mit dem Gefühl, Sie hätten Ihr Ziel erreicht.

EMOTIONALE AFFIRMATIONEN

DIE KRAFT DER WORTE: EMOTIONALE AFFIRMATIONEN

Ein weiteres Element des Übungsprogramms ist die Arbeit mit Affirmationen. *Affirmare* ist lateinisch und bedeutet bekräftigen. Affirmationen sind Sätze, die eine positive innere Haltung oder ein Ziel klar und einprägsam formulieren. Mit ihrer Hilfe können Sie hinderliche innere Denkmuster verändern und eine kraftvolle, unterstützende innere Stimme installieren.

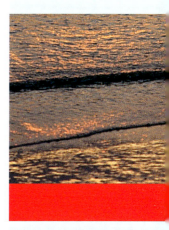

Der Begriff *Affirmation* (auch *Auto-Suggestion*) ist bei uns vor allem in Verbindung mit dem »Positiven Denken« bekannt geworden – und in Verruf geraten. Denn bei vielen hat es nicht funktioniert, weil sie nicht an die schönen Sätze glauben konnten, und wenn sie sie noch so oft wiederholten. In der Tat können nur Affirmationen angenommen werden, die auch positiv *gefühlt* werden. Sonst dringen sie nicht ins Unterbewusstsein und verfehlen ihre Wirkung. Die Formel lautet:

Affirmationen können nur wirken, wenn Sie sie als wohltuend und aufbauend empfinden, wenn sie positive Gefühle in Ihnen auslösen!

NICHT (NUR) POSITIV DENKEN, SONDERN POSITIV FÜHLEN!

Typische Affirmationen sind zum Beispiel »Ich bin stark und selbstbewusst« oder »Ich bin ruhig und gelassen«. Wenn Sie dazu aber immer innerlich ein »Das glaubst du ja selbst nicht …« anhängen, haben solche Sätze natürlich keine Kraft.

Wirksame Affirmationen finden

Wenn Sie Affirmationen formulieren, sollten Sie einige Regeln beachten, damit die Worte auch wirken können:

➤ *Formulieren Sie die Affirmation nur in der Gegenwart.* Denn Formulierungen in der Zukunft versteht das Unterbewusstsein auch so – als etwas, das in ferner Zukunft passieren soll, aber nicht jetzt und heute.
Falsch: Ich werde Erfolg haben.
Richtig: Ich bin erfolgreich in allem, was ich tue.
          Oder: Ich bin auf dem Weg zum Erfolg.

Glaube an das, was du sagst! Dann wird dir geholfen.

➤ *Verwenden Sie keine Verneinungen.* Denn das Unterbewusstsein ist nicht in der Lage, eine Verneinung einzuordnen. Wenn ich zum Beispiel sage: »Denken Sie jetzt nicht an ein rosa Kaninchen«, so werden Sie sofort ein rosa Kaninchen vor Ihrem inneren Auge sehen …
Falsch: Ich habe *keine* Angst.
Richtig: Ich bin stark und selbstbewusst.
Falsch: Ich bin *nicht* mehr traurig.
Richtig: (zum Beispiel) Das Glück liegt in mir selbst.
             Oder: Von heute an lerne ich, glücklich zu sein.
➤ *Verwenden Sie keine pauschalen, ungenauen Formulierungen.*
Falsch: Es geht mir gut. *Oder:* Ich bin zufrieden.
Richtig: (zum Beispiel) Ich bin glücklich, weil ich gesund bin.
➤ *Die Formulierung muss aktiv und darf nicht passiv sein:*
Falsch: Ich werde geliebt.
Richtig: Ich liebe mich so, wie ich bin.
➤ *Verwenden Sie nur Sätze, die ein angenehmes oder ergreifendes Gefühl auslösen!* Auf der nächsten Seite finden Sie dazu eine Übung!
➤ *Verwenden Sie keine Affirmation, die Sie selbst nicht glauben.*
Nähern Sie sich schrittweise der Formulierung des Idealzustandes:
Schritt 1:   Von heute an lerne ich, mich anzunehmen.
Schritt 2:   Ich nehme mich so an, wie ich bin.
Schritt 3:   Ich liebe mich so, wie ich bin.
Diese Arbeit mit gesteigerten Affirmationen funktioniert wunderbar bei all denen, die die Endstufe, im Beispiel »Ich liebe mich so, wie ich

EMOTIONALE AFFIRMATIONEN

bin«, noch nicht glauben und positiv fühlen können. Nur eine Seminarteilnehmerin konnte mit diesen Sätzen nicht arbeiten. Der Grund: Sie wurde von ihren Eltern zur Musterschülerin geprügelt und blockierte bei dem Wort »lerne« vor lauter innerer Auflehnung. Ihr half die Formulierung »Ich bin auf dem Weg, ...«.

An diesem Beispiel wird deutlich, wie schon ein einziges Wort, das unser Unterbewusstseinn negativ deutet, emotional blockieren kann. Deshalb ist es so wichtig, jede Affirmation auszuprobieren, zu fühlen und sie auf die eigenen Bedürfnisse abzustimmen.

Übung: Affirmationen fühlen

➤ Sprechen Sie das Beispiel der gesteigerten Affirmationen (*Von heute an lerne ich, mich anzunehmen ...*) im entspannten Zustand fünfmal laut. Spüren Sie genau, welche der drei Steigerungen Sie als ausschließlich angenehm und stärkend empfinden. Wenn es bei Stufe zwei oder drei noch irgendwo in Ihrem Körper drückt oder Sie innere Widerstände fühlen, versuchen Sie diese Steigerungen erst später wieder.

Tipps zum Üben

➤ Am besten wirken Affirmationen, wenn Sie sie im entspannten Zustand sprechen, weil dann der Weg ins Unterbewusstsein offen ist. Die fünfte »Harmony« (Seite 66) ist speziell für die Arbeit mit Affirmationen gedacht. Wenn Sie diese Harmony auf CD hören und dazu Ihre Affirmationen sprechen, fällt das Loslassen besonders leicht.

➤ Sie können Ihre Affirmationen aber auch immer wieder zwischendurch sprechen: beim Autofahren, beim Kochen, abends im Bett oder beim Spaziergang – eigentlich immer, wenn Sie allein sind.

Hilde: Die Kunst, Affirmationen zu glauben

Hilde hat versucht, über die Affirmation »Ich liebe mich so, wie ich bin« ihrem Leben eine positive Wende zu geben. Doch sie hat schnell gemerkt, dass es so nicht funktioniert: »Wie soll ich positiv denken, wenn mein Mann mich gerade verlassen hat, weil er eine jüngere Freundin hat und meine Wechseljahre unerträglich findet?«

Hilde hatte Bücher über das »Positive Denken« gelesen und sich die empfohlene Zauberformel 20-mal am Tag vorgebetet. Doch jedes Mal, wenn sie morgens verquollen und ungeschminkt am Spiegel vorbeiging, streckte sie sich die Zunge heraus und dachte dabei: »Mich kann man gar nicht

---

Mein Tipp!

Beschränken Sie sich auf höchstens zehn verschiedene Affirmationen pro Tag. Mehr kann Ihr Unterbewusstsein nicht aufnehmen. Eine Auswahl weiterer Affirmationen finden Sie auf Seite 50.

Trainieren Sie Ihre Emotionen!

lieben, so hässlich, wie ich aussehe.« Die Affirmation kam ihr lächerlich und verlogen vor.

Schlafstörungen, die bei diesem Psychoterror die logische Folge waren, bearbeitete Hilde ebenfalls mit einer empfohlenen Affirmation, die sie sich abends vor dem Schlafengehen 20-mal vorsprach: »Ich schlafe tief und fest, bis der Wecker mich morgens weckt.« Doch nichts veränderte sich, weil sie auch hier eine innere Stimme hörte, die ihr zuflüsterte: »Du wirst ja doch wieder in zwei Stunden mit Horrorgedanken wach.«

Nachdem Hilde auch noch vergeblich versucht hatte, über positives Denken ihre Gewichtsprobleme in den Griff zu bekommen (statt abzunehmen, nahm sie 15 Kilo zu), brach sie ihre Affirmationen frustriert ab.

Durch ihre Ärztin kam Hilde zu mir in ein Seminar. Gemeinsam entwickelten wir speziell auf sie abgestimmte emotionale Bilder und Affirmationen, die wir in das Trainingsprogramm einbauten. Dadurch konnte Hilde ihre Situation neu bewerten und Gedanken entwickeln, die sie als wohltuend oder als Glücksgefühle in ihrem Körper spürte. Sie lernte in kurzer Zeit, ihre Ängste, ihre Demütigungen und ihre Trauer abzubauen – und konnte so ein neues Leben beginnen.

Der erste Schritt: Ehrliche Analyse der Situation

Ärgern Sie sich nicht über Vergangenes – in der Zukunft werden Sie den Rest Ihres Lebens verbringen.

Zunächst fragte ich Hilde, ob sie in den letzten Jahren mit ihrem Mann glücklich gewesen sei, was sie verneinte. Sie erzählte mir, dass ihr Mann ihr schon seit Jahren keine Zärtlichkeit mehr geben konnte, dass er geizig war und sie ihm nichts recht machen konnte. Außerdem habe er oft ihr Aussehen und ihre Figur, auch vor anderen, kritisiert.

Auf meine nächste Frage, warum sie das so lange ertragen habe, antwortete sie zögernd, das wisse sie auch nicht so genau. Wahrscheinlich hätte sie Angst vor dem Alleinsein gehabt. Ihr Mann hätte auch immer wieder gesagt, sie würde sowieso keinen Mann mehr finden, so wie sie aussehe.

Durch diese schonungslose Analyse wurde Hilde plötzlich klar, dass sie kein Glück verloren hatte, sondern ein Unglück, und dass sie jetzt die Möglichkeit hatte, ein neues Leben anzufangen.

Bis dahin hatte sie sich vor allem in selbstverletzende Gedanken vertieft wie: »Mein Mann hat Recht, ich bin alt, hässlich, unerotisch und dick. Mein Leben als Frau ist vorbei, ich werde nie mehr jemanden finden, der mich lieben kann. Ich werde bis ans Ende meiner Tage allein sein.«

Diese Horrorgedanken verstärkten ihre Wechseljahre dramatisch. Stresshormone, die unaufhörlich durch ihre negativen Gedanken produziert wurden, verursachten ein hormonelles Chaos. Schweißausbrüche, Herzrasen, graue Haare, Ausbleiben der Regel, Gewichtszunahme, Depressionen und Schlaflosigkeit waren die Folgen.

Ich fragte Hilde weiter, was sie sich in den letzten Jahren ihrer Ehe oft gewünscht hätte, aber nicht verwirklichen konnte. Sie antwortete ohne zu überlegen, sie wollte immer reisen, ins Theater und in Konzerte gehen und interessante Gespräche mit ihrem Mann und mit Freunden führen. Doch all das sei nicht möglich gewesen, weil ihr Mann ein Kulturmuffel und auf Reisen und bei Freunden ungenießbar war. Es gab immer etwas, worüber er sich ärgerte, und diesen Ärger ließ er dann an seiner Frau aus. Hilde konnte sich an kein wirklich interessantes Gespräch mit ihrem Mann erinnern. Die Themen kreisten immer nur um Technik, Autos, Essen und ständige Kritik am Fernsehprogramm. Ihr wurde auf einmal bewusst, dass sie mit ihrem Mann eigentlich schon viele Jahre nicht mehr wirklich gelebt hatte. Hilde versuchte, in ihrer Ehe durch Anpassung Liebe zu bekommen. Ihre eigenen Wünsche hatte sie immer zurückgestellt und sich am Ende immer mehr eingeigelt und von anderen Menschen isoliert.

Zuletzt fragte ich Hilde, was sie mit den Wechseljahren gedanklich und emotional verbinde. Sie antwortete mir voller Trauer: »Abschied, für immer Abschied von meiner Rolle als Frau. Abschied von den Kindern, die jetzt erwachsen sind und das Haus verlassen haben.« Sie fügte nach einiger Zeit hinzu: »Ich habe so viele Jahre verpasst, weil ich meine eigenen Wünsche aus Harmoniesucht verleugnet habe.«

Da fragte ich Hilde, ob sie die nächsten vierzig Jahre auch verpassen wolle und wer dann dafür die Schuld trage. Wenn sie einmal 85 oder 90 Jahre sein werde, so behauptete ich, werde sie sich sehnsüchtig an die Zeit erinnern, als sie noch 45, jung, attraktiv und gesund gewesen sei.

Loslassen bedeutet Freiheit. Festhalten heißt, abhängig zu sein.

Trainieren Sie Ihre Emotionen!

Was anfangs wie ein Unglück aussieht, entpuppt sich später oft als Glück. Denn wenn sich eine Tür schließt, öffnet sich immer eine andere.

Danach suchten wir neue emotionale Affirmationen, die Hilde motivieren sollten, ihr Leben positiv zu verändern.

Ich demonstrierte ihr mit ihrer alten Affirmation, wie wichtig es ist, Affirmationen auszuprobieren und zu verändern. Ich bat sie, die Augen zu schließen, »Ich liebe mich so, wie ich bin« zweimal zu sprechen und dann zu sagen, was sie gespürt habe. »Den gleichen Krampf wie immer – als ob mein Bauch sich zuschnürt. Dabei sagt mir eine innere Stimme: So ein Quatsch, was soll an mir liebenswert sein.« Ich bat sie, wieder die Augen zu schließen und zu sagen: »Von heute an lerne ich, mich anzunehmen.« Der Unterschied war verblüffend: Sie spürte ein warmes Gefühl im Bauch: »Als ob eine Sonne in meinem Bauch aufgeht!«

Jetzt war ihr klar, warum die monatelang gesprochenen Affirmationen nichts bewirkt hatten: Sie glaubte emotional nicht an das, was sie da sagte, ihr Unterbewusstsein nahm die Botschaft nicht an. Stattdessen sah sie bei der Affirmation alle vermeintlichen Makel ihres Körpers, von der Cellulite über den dicken Po bis zu den Falten im Gesicht. Wie hätte sie dabei Glück empfinden können? Dass sich ihr Bauch verkrampfte, wies im Gegenteil auf eine massive Ausschüttung von Stresshormonen hin.

Das Gefühl von Wärme im Bauch bei der abgewandelten Affirmation zeigt, dass dabei Glückshormone ausgeschüttet wurden, die die Blutgefäße weiten und für eine stärkere Durchblutung im Bauchraum sorgen.

Die neuen Affirmationen

➤ *»Heute fängt für mich ein neues Leben an.«*
(Den Ballast des alten Lebens abstreifen, sich frei fühlen, wie Phönix aus der Asche ins Licht treten – das waren Hildes Assoziationen.)
➤ *»Ich bin auf dem Weg in ein neues Leben.«*
(Diese Umformulierung empfahl ich Hilde nach zwei Tagen.)
➤ *»Ich freue mich, mit Lena zu reisen und endlich die Welt zu sehen.«*
(Sie sah sich mit ihrer Freundin Lena auf einem Schiff an der Reling stehen, ihre Freiheit genießend – und ein Glücksschauer durchlief sie.)
➤ *»Ich nehme die Rolle als Frau an.«*
(Hier wurde ihr bewusst, dass Veränderung zum Leben dazugehört.)
➤ *»Ich bin glücklich, dass ich erst 45 Jahre alt bin und alles tun kann.«*
(Bei dieser Affirmation sollte sich Hilde kurz vorstellen, eine 90-jährige Frau auf der Straße zu sehen, gebrechlich, halb taub und fast blind. Sie sollte gedanklich in den Körper der Frau hineinschlüpfen. Sie sollte fühlen, wie diese alte Frau das Leben wahrnimmt, ihren Körper, ihre Gebrechlichkeit. Wie sieht sie? Wie hört sie? Wie lebt sie? Dann sieht die alte Dame Hilde vorübergehen. Was denkt sie in diesem Moment? »So jung und gesund war ich auch einmal, ich hatte eine Familie und Freunde …«)

EMOTIONALE AFFIRMATIONEN

Dann fragte ich Hilde, ob sie sich jetzt die nächsten 40 Jahre von ihrer Rolle als Frau verabschieden wolle. Da spürte Hilde Dankbarkeit, erst 45 Jahre alt und gesund zu sein und am Leben aktiv teilnehmen zu können.
➤ *Zuletzt arbeitete Hilde mit der Affirmation: »Von heute an lerne ich, mich anzunehmen.«*
Durch die neue Bewertung ihrer Situation konnte Hilde jetzt ganz anders mit der Trennung und mit ihrem falschen Selbstbild umgehen.
Nachdem sie ihre persönlichen Affirmationen in das tägliche Trainingsprogramnm eingebaut hatte, verschwanden die Schlafstörungen und Depressionen innerhalb weniger Tage. Nach drei Wochen Emotionalem Training schrieb sie, sie hätte wieder das Gefühl zu leben, sie wäre glücklich und dankbar und hätte nun ein Selbstbewusstsein wie nie zuvor.

Übung 1: Affirmationen testen

Vielleicht können Sie Hilde gut verstehen und sich in manchem auch wiedererkennen. Wandeln Sie Hildes Affirmationen doch so ab, dass sie auf Ihre persönliche Situation zutreffen.
➤ Schreiben Sie fünf eigene Affirmationen auf und sprechen Sie sie wie in der Übung auf Seite 45. (Beachten Sie beim Formulieren die Regeln!) Was fühlen Sie bei jeder einzelnen? Wie ist die Wirkung, wenn die Affirmation mit Musik unterstützt wird? Lässt sich die Affirmation noch steigern? Enthält sie auch Ihre Ziele und Wünsche?
➤ Wenn es Ihnen schwer fällt, eigene Affirmationen zu kreieren, finden Sie auf der nächsten Seite eine Auswahl an bewährten Formulierungen.

Nicht positives Denken, sondern positives Fühlen ist wichtig!

Übung 2: Kinesiologischer Muskeltest

Sie können selbst testen, wie der Körper auf wahre und unwahre Gedanken reagiert (mehr zu diesem Test auf Seite 128):
➤ Bitten Sie zum Beispiel eine Freundin, den rechten Arm mit Kraft auszustrecken. Nun soll sie ihren Namen aussprechen, zum Beispiel: »Ich heiße Barbara Müller.« Versuchen Sie jetzt, mit zwei Fingern gegen diese Kraft den Arm herunterzudrücken. Sie werden sich damit im Normalfall schwertun. Der Arm ist stark, weil sie die Wahrheit spricht.
Nun sagen Sie ihr, sie solle *Ihren* Namen sagen, also »Ich heiße …«. Jetzt drücken Sie wieder mit zwei Fingern den Arm nach unten, während sie diese Unwahrheit ausspricht. Sie werden sehen: Der Arm geht wie Gummi nach unten. Alle Kraft geht unmittelbar aus dem Körper, wenn wir etwas sagen oder denken, an das wir nicht glauben.
➤ So ist es auch mit der Affirmation: »Ich liebe mich so, wie ich bin.« Wenn Sie das nicht glauben, kann sie nicht funktionieren.
Testen Sie es doch auf dieselbe Weise!

Trainieren Sie Ihre Emotionen!

Finden Sie *Ihre* Affirmationen, die Ihnen helfen, Ihre Ängste abzubauen, und Sie motivieren, Ihre Ziele zu erreichen.

ZAUBERFORMELN, DIE IHR LEBEN VERÄNDERN

Unter den folgenden Affirmationen werden Sie sicher einige finden, die Ihnen für Ihre persönlichen Ziele, Probleme und Wünsche die richtige Unterstützung sein können.

➤ Probieren Sie sie einfach aus. Sprechen Sie jede Affirmation fünfmal laut. Diejenigen, die Sie positiv berühren, üben Sie dann mit den selbst entwickelten Affirmationen täglich so lange Zeit, bis sich das jeweilige Thema gelöst hat.

Alles, was ich wirklich will, erreiche ich auch.

Von heute an lerne ich, stark und selbstbewusst zu sein.
Ich bin stark und selbstbewusst.

Von heute an lerne ich, mich anzunehmen.
Ich nehme mich so an, wie ich bin.
Ich liebe mich so, wie ich bin.

Jedes Problem, das ich löse, macht mich stärker.

Ich bin glücklich, wenn ich meine Arbeit erledigt habe.

Mein Körper ist ganz gesund.

Meine Energie fließt frei.

Ich liebe die Menschen, denn in jedem Menschen steckt ein verletztes Kind.

Ich nehme das Leben an, es ist mein Weg.

Ich nehme meine Rolle als Frau an.

Ich lasse los und nehme die Veränderung an.

Ich habe Vertrauen zu mir und meinem Leben.

Von heute an lerne ich, mir selbst eine gute Mutter zu sein.

Das Glück liegt nur in mir, nur ich allein kann mein Leben ändern.

EMOTIONALE AFFIRMATIONEN

Niemand kann mich einengen.

Niemand kann mich verletzen.

Ich bin entspannt, mein Geist ist wach.

Ich bin völlig entspannt und schöpfe Kraft aus meiner Arbeit.

Ich bin völlig entspannt und schöpfe die Kraft aus der Liebe in mir.

Ich bin erfolgreich in allem, was ich tue.

Ich muss nur mir selbst gefallen.

In mir ist Ruhe und Harmonie.

Alle Kraft ist in mir.

Ich bin wie ein Fels in der Brandung.

Energie fließt durch meinen Körper und durchflutet jede Körperzelle.

Ich bin stark und unabhängig.

Ich fühle mich frei.

Meine Gedanken sind frei, ich vertraue meiner Intuition.

Ich glaube an mich und meine Begabungen.

Ich habe Vertrauen zu allem, was ich tue.

Ich vertraue mir und meinen Fähigkeiten.

Ich vertraue mir und lasse los.

Ich habe jetzt die Chance, mein Leben positiv zu verändern.

Von nun an lerne ich, auch für mich zu leben.

Von heute an nutze ich jeden Tag und lebe.

Heute fängt ein neues Leben an.

Ich liebe das Leben.

»**Du solltest dir immer bewusst sein, dass dein Kopf deine Welt erschafft.**«

Ken Keyes Jr.

»Lass deine Träume wieder fliegen. Und tauche ein ins Leben!«

DIE »ENERGY-HARMONYS«

»Energy-Harmonys« machen glücklich! Gehen Sie mit mir auf Phantasiereisen in wunderbare Landschaften, um dort die Energie und Kraft der großartigen Natur zu erleben, Urvertrauen und Freude zu spüren, pure positive Energie zu tanken! Motivierende, kraftvolle Worte unterstützen Sie auf Ihrem Weg in ein neues Leben. So steigt der Glückshormonspiegel kräftig an und Stresshormone schmelzen wie Schnee in der Sonne.

> »Energy-Harmonys« sind pure Glückshormonduschen. Sie können regelrecht high machen, wirken sehr entspannend, stärken Zuversicht und Energie. Nehmen Sie jeden Morgen so eine Glücksdusche – und Sie können freudig und gelassen in den Tag hineingehen.

Die »Energy-Harmonys« wirken psychisch und körperlich sehr entspannend durch Glücksgefühle und Zuversicht. Sie sind deshalb für alle Menschen geeignet, die Stress und negative Emotionen abbauen wollen und Energie und Kraft tanken möchten.

Durch die emotional starken, archaischen Bilder vermitteln die »Energy-Harmonys« neue emotionale Erkenntnisse sowie tiefes Vertrauen und das Gefühl, Energie zu »atmen«. Körpereigene Drogen machen uns *high*. Das Selbstbewusstsein wird gestärkt. Psychosomatische Beschwerden werden gebessert oder verschwinden ganz – und Sie können wieder ruhig schlafen.

Damit sind die »Energy-Harmonys« die Basisübungen des Emotionalen Trainings. Sie sollten sie konsequent jeden Tag mindestens ein halbes Jahr lang üben, um die Wirkungen tief im Unterbewusstsein zu verankern. Ergänzende Übungen gegen Stress, Ängste und Depressionen finden Sie ab Seite 82, weitere Hilfe gegen Schlafstörungen finden Sie ab Seite 115.

GESTALTEN SIE IHR PERSÖNLICHES BILD

Für die Wirkung der »Energy-Harmonys« ist es wichtig, dass die Bilder emotional stark und positiv sind und bei Ihnen wirklich nur angenehme Assoziationen hervorrufen.

Wenn sich etwa beim letzten Urlaub am Meer Ihre große Liebe von Ihnen getrennt hat, werden Sie einen Sonnenaufgang über dem Meer, wie er in der ersten Energy-Harmony vorkommt, nicht positiv erleben können. Denn schon das Element »Meer« ist in Ihrem Unterbewusstsein negativ besetzt. Tauschen Sie dieses Bild dann aus. Begeben Sie sich während der Übung innerlich zum Beispiel an einen großen See

Trainieren Sie Ihre Emotionen!

Stärker fühlen heißt stärker leben. Lernen Sie, wie ein Regisseur Ihre inneren Filme emotional stark zu gestalten.

oder an einen Fluss – und Ihre Gefühle werden sich sofort verändern. Oder wenn Sie Höhenangst haben, wird es Ihnen bei der dritten Energy-Harmony (Seite 61), in der Sie auf einen Berg geführt werden, womöglich schwindelig. Stellen Sie sich dann in Ihrer Vorstellung auf einen Hügel.

Denken Sie immer daran: Die »Energy-Harmonys« sind Wohlfühl-Übungen, sie sollen ausschließlich Glücksgefühle auslösen!

Lassen Sie sich tief bewegen

Die Harmonys nur zu lesen, ist nicht sehr effektiv; ein selbstbesprochenes Band zu hören, ist erfahrungsgemäß auch nicht ideal. Darum haben wir zum Buch eine Doppel-CD produziert: Große Filmmusik mit Symphonieorchester, die eigens zu den Texten komponiert wurde, macht aus dem Zuhören ein tiefes emotionales Erlebnis. Die »Energy-Harmonys« nicht zu leise, wie Entspannungsübungen, hören, sondern eine mittlere Lautstärke wählen, um die Emotionen zu verstärken.

ENTSPANNUNG VERTIEFT DIE WIRKUNG

Aus der Hypnoseforschung weiß man, dass sich in der Entspannung die Hirnwellen verlangsamen und das Unterbewusstsein für Suggestionen besonders empfänglich ist. Je entspannter Sie also sind, desto besser werden die Harmonys wirken.

Ich will Ihnen hier eine einfache Entspannungsübung vorstellen, die Sie zu Beginn Ihres Traingsprogramms machen können.

Übung: Entspannen durch tiefes Atmen

An der Atmung können wir sofort erkennen, wie entspannt oder angespannt jemand ist. Wenn Sie ruhig sind, ist Ihre Atmung rhythmisch und langsam. Sind Sie gestresst, geht Ihr Atem flach, kurz und schnell. Viele Menschen atmen falsch, dabei ist richtiges Atmen durch regelmäßige Übungen leicht zu lernen. Wichtig ist es vor allem, dass Sie bewusst atmen, also genau spüren, wie schnell Ihr Atem geht und wohin Sie atmen. Gerade am Anfang sollten Sie einige Male bewusst und forciert in den Bauch atmen. Danach sollten Sie Ihren Atem aber nur noch beobachten und nicht mehr kontrollieren. Zur Entspannung ist die tiefe Bauchatmung am wirksamsten, wie sie in der folgenden Übung beschrieben ist. Hören Sie zu dieser Übung eine der instrumentalen Versionen auf der CD.

DIE »ENERGY-HARMONYS«

➤ Setzen Sie sich gerade, mit leicht geöffneten Beinen auf einen bequemen Stuhl oder Sessel. Legen Sie Ihre Hände auf Ihre Oberschenkel, die Handflächen sollen entspannt nach oben geöffnet sein.
➤ Konzentrieren Sie sich ganz auf Ihren Atem.
Atmen Sie gleichmäßig, tief und ruhig in den Bauch, bis in den Unterbauch. Legen Sie Ihre Hände dorthin.
Beim Einatmen heben sich Ihre Hände auf Ihrem Bauch, der sich wie ein Ballon aufbläst. Stellen Sie sich vor, ein enges Mieder würde langsam geöffnet und Sie können endlich wieder tiefer und tiefer durchatmen.
➤ Sagen Sie sich beim Einatmen innerlich: »Ich habe Vertrauen ...«
Sagen Sie sich beim Ausatmen innerlich: »... und lasse los.«

Entspannen Sie sich so etwa fünf Minuten lang.

DIE ERSTE ENERGY-HARMONY: »HEUTE FÄNGT EIN NEUES LEBEN AN!«

Energie, Vertrauen, Lebendigkeit

● Die erste Harmony ist die stärkste Energieübung.
● Wenn Sie mit Ihrem Leben unzufrieden sind und das Gefühl haben, in einer Sackgasse zu stecken, werden Sie auf einmal wieder den Wunsch verspüren, richtig leben zu wollen.
● Zwei Elemente regen eine starke Ausschüttung von Glückshormonen an: das emotional besonders starke Bild der Morgensonne, die aus dem Meer aufbricht – und die Musik, die den Aufbruch der Sonne und den Aufbruch in ein neues Leben als Glücksgefühl bis in die Fußspitzen spürbar macht. Ihre körpereigenen Drogen bewirken in Sekunden den Abbau von Stresshormonen, eine Besserung von psychosomatischen Beschwerden und eine Anregung des Stoffwechsels.
● Sie spüren wieder Vertrauen zu sich selbst, sind motiviert, Ihr Leben anzugehen, und sehen den Weg zu Ihren Zielen.
● Sie lernen durch eine neue emotionale Bewertung, Veränderungen in Ihrem Leben und Ihren Weg anzunehmen – auch wenn diese Veränderungen schmerzhaft sind und Sie herausfordern. Leben heißt Veränderung. Sie haben die Macht, es zum Besseren zu verändern.
● Das goldene Licht der Sonne schenkt Ihnen Energie. Sie atmen Energie, Sie spüren die Kraft, die in Ihnen steckt – die bei den meisten Menschen durch Kummer und Sorgen verschüttet wurde. Sie werden das Gefühl haben, wieder Bäume ausreißen zu können.
● Sie werden das Leben von heute an intensiver erleben.

Mein Tipp!

Wenn Sie die »Energy-Harmonys« lesen, werden Sie vielleicht gleich einen Favoriten haben. Dann beginnen Sie Ihr Emotionales Training doch einfach mit dieser Harmony! Wenn Sie unter Depressionen leiden, empfehle ich Ihnen, mit der vierten Harmony zu beginnen. Speziell für die Arbeit mit Affirmationen ist die fünfte Harmony gedacht. Hören Sie diese immer abends vor dem Einschlafen.

Trainieren Sie Ihre Emotionen!

Schließen Sie die Augen und überlassen Sie sich den kraftvollen inneren Bildern und positiven Suggestionen. Eine entspannte Haltung und sanfte Bewegungen der Arme unterstützen das innere Loslassen und den freien Fluss der Energie.

Es ist früh am Morgen.
Du stehst am Meer.
Über dem Wasser liegen noch weiche Schleier.
Du hörst den sanften Rhythmus der Wellen.
Es gibt nichts zu tun.
Alles geschieht von selbst.
Du spürst einen tiefen Seelenfrieden.

Du legst die Hände wie zum Gebet zusammen.
Du spürst die Verbindung zum Universum.
Du spürst die Stille
wie ein Atmen des Meeres.
Du atmest mit dem Meer.
Der Atem kommt und geht
wie sanfte Wellen.
Du spürst – ein Loslassen.

Du siehst am weiten Horizont
den Himmel wie von stiller Glut
leuchtend orange gefärbt.

Du streckst die Arme mit geschlossenen Händen nach vorn
und öffnest sie langsam zur Seite.
Triumphierend, wie eine Wiedergeburt,
wie ein Neuanfang
steigt die goldene Sonne aus dem Meer empor!
Du spürst ein tiefes Glücksgefühl,
das wie eine Welle durch deinen Körper fließt.
Du spürst: Heute fängt ein neues Leben an.

Du spürst, du willst leben,
Du spürst ein Loslassen,
Vertrauen zu dir selbst
und zu deinem Leben.
Du atmest die Energie der Sonne ein
und lässt sie durch deinen Körper fließen.
Du bist eingetaucht in goldenes Licht.
Sanfte Stimmen hörst du flüstern:
»Hab Vertrauen und glaub an dich.«

Du spürst die Urkraft tief in dir.
Du spürst, du bist ein Teil der Schöpfung.

DIE »ENERGY-HARMONYS«

»Du legst die Hände wie zum Gebet zusammen.

Du streckst die Arme nach vorn ...

... und öffnest sie langsam ...

... zur Seite.«

Trainieren Sie Ihre Emotionen!

»*Du fühlst dich frei und losgelöst. Heute fängt ein neues Leben an!*«

Du bist stark, bestimmst dich selbst.
Alle Kraft liegt nur in dir.
Tief in dir spürst du nun Frieden,
weil deine Seele Leben spürt.
Heute fängt ein neues Leben an.

Du legst die Hände wieder zusammen
und spürst beim Einatmen: Energie aufnehmen,
und beim Ausatmen: ein Loslassen.

Du atmest die Energie der Sonne ein
und lässt beim Ausatmen alles los.
Einatmen
und ausatmen.
Der Atem kommt und geht.
Es atmet.

Du fühlst dich frei und losgelöst.
Du atmest mit dem Universum.
Du lässt dich atmen.
Du spürst die Urgewalten,
die unser Geist nicht zügeln kann.
Du hörst das Rauschen des Meeres
wie sanfte Stimmen, wie ein Flüstern:
»Nutze den Tag und lebe.«

Du streckst mit geschlossenen Händen
die Arme wieder nach vorn und öffnest sie noch einmal.

Du spürst die Kraft der Sonne und des Universums.
Du spürst die Urkraft tief in dir.
Du willst leben, endlich leben.
Eingetaucht in goldenes Licht
fühlst du tief in dir ein Beben,
weil du Leben spürst in dir.
Und deine Seele hörst du flüstern:
»Das wahre Glück liegt nur in dir.«

Du legst deine Hände wie zu einem Gebet zusammen.

Heute fängt ein neues Leben an.
Lebe!

DIE »ENERGY-HARMONYS«

DIE ZWEITE ENERGY-HARMONY: »ENERGIE UND FRIEDEN«

Loslassen, Schutz, Motivation

● Die zweite Harmony ist ebenfalls eine starke Energieübung. Das Bild von der weiten Steppe und vom Sonnenuntergang vermittelt sofort ein Gefühl von Ruhe, Vertrauen und Loslassen, aus dem Kraft und Energie erwachsen. Dazu trägt auch die Musik viel bei.
● Der Lichtstrahl, der vom Himmel direkt auf Sie fällt, vermittelt das Gefühl von Schutz, Verbundenheit zum Göttlichen. Dabei ist es egal, an was Sie glauben, woher Sie Schutz oder Hilfe bekommen. Das kann eine göttliche Energie, ein Schutzengel, ein Verstorbener, Gottvater, Buddha oder ein anderes göttliches Wesen sein. Wichtig ist, dass Sie sich in Ihrem inneren Bild glücklich und geborgen fühlen.
● Glücksgefühle, die Sie als Schauer im Körper spüren, bewirken die Freisetzung von Hormonen, die das Immunsystem stärken, die Psyche aufhellen, Stresshormone abbauen und entspannend wirken.
● Die Suggestionen dieser Übung helfen Ihnen, Vertrauen zu sich selbst zu finden, loslassen zu können. Sie geben Ihnen die Motivation, Ihre Ziele und Wünsche zu verwirklichen.
Wichtig ist, die Ziele, die Sie haben, zu sehen und sie emotional positiv zu erleben. Das ist die emotionale, hormonelle Information an Ihr Gehirn, welches die Wege findet, Ihre Ziele und Wünsche zu realisieren. Wenn Sie etwas wirklich wollen, dann erleben Sie Ihre Ziele emotional – und Sie erreichen sie auch.

Für diese Harmony setzen Sie sich im Schneidersitz auf ein dickes Kissen und schließen die Augen. Auf Seite 66 ist die Haltung genau beschrieben.

Du sitzt an einem großen Feuer,
vor dir endlose Weite.
Am Horizont steht rot
wie ein Feuerball die Abendsonne.

Um dich herum Stille.
Du spürst die Kraft des Feuers
und des Universums.
Du spürst die Energie der roten Abendsonne.

Du spürst Harmonie und Frieden.
Du spürst ein Loslassen.
Du lässt dich fallen in die Stille
und atmest tief und befreit in den Bauch.

*»Du atmest Ener-
gie. Du atmest
Licht. Alle Kraft
ist in dir.«*

Du bist eingetaucht in Energie und Licht,
eingetaucht in die Energie des Universums.
Es ist deine Energie,
nutze sie!

Ein fester, breiter Gurt,
der um deine Brust liegt,
öffnet sich.
Du spürst, wie deine Seele sich befreit.

Du atmest Energie.
Du atmest Licht.
Alle Kraft ist in dir.
Vertrau deiner Kraft und nutze sie.

Ein heller Lichtstrahl fällt vom Himmel.
Er hüllt dich ein in seinem Licht.
Ein Glücksgefühl durchströmt deinen Körper.
Du spürst, durch deinen Körper flutet Licht.

Du atmest das helle Licht ein,
beim Ausatmen flutet Lichtenergie durch deinen Körper.
Einatmen und Ausatmen.
Licht und Energie.

DIE »ENERGY-HARMONYS«

*Du atmest Energie.
Beim Ausatmen fließt die Energie in jede Körperzelle.
Energie einatmen – und fließen lassen.
Energie atmen – und loslassen.*

*Du fühlst Vertrauen zu dir selbst
und in dein Leben.
Du spürst ein Loslassen.
Loslassen heißt: Vertrauen haben.*

*Du willst leben, wirklich leben.
Endlich du selbst sein.
Lass deine Träume wieder fliegen.
Du siehst im Traum dein Ziel erreicht.*

*Du stehst in einem hellen Licht
und fühlst dich glücklich, spürst das Leben.
Fühlst dich lebendig und geliebt.
Geh deinen Weg und glaub an dich.*

*Die Einsicht wandelt deine Welt.
In deiner Seele spürst du Licht.
Du fühlst die Energie in dir,
den neuen Weg zu gehen.*

*Tauche ein in das Leben.
Tauche ein in das Licht
und lebe.*

Wenn Sie die Energy-Harmonys auf der CD hören, werden Sie vielleicht merken, dass einige Textstellen leicht verändert wurden. Das war erforderlich, um Text und Musik perfekt aufeinander abzustimmen. Es verändert die Wirkung der Harmonys aber in keiner Weise.

DIE DRITTE ENERGY-HARMONY: »BEFREIUNG«

Gelassenheit, Distanz, Freiheit

● Diese Übung wirkt beruhigend und befreit von Stress und Ängsten.
● Die Vorstellung, auf einem Berg zu stehen, vermittelt fast allen Menschen das Gefühl von Freiheit, über den Dingen zu stehen. Probleme, die zuvor noch erdrückend waren, sieht man aus einer Distanz, die sie überschaubar macht.
● Sie verlieren Ihre Ängste und spüren Ruhe und Harmonie. Sie spüren ein Loslassen von allem, was Sie einengt.

Trainieren Sie Ihre Emotionen!

● Blaues Licht wirkt beruhigend und wird in der Farbtherapie bei Bluthochdruck und nervlich bedingten Organbeschwerden, Klimakteriumsbeschwerden und Schlafstörungen eingesetzt. Die Farbe lässt Sie Freiheit, Frieden und eine innere Stille spüren.
Schwächen und Probleme haben keine Kraft mehr. Sie sind vollkommen gelassen.

Farben wirken auf die Psyche, auch wenn wir sie uns nur innerlich vorstellen. Licht symbolisiert Lebenskraft und Inspiration. In allen Harmonys spielt deshalb farbiges Licht eine wichtige Rolle – lassen Sie sich einfach darauf ein, und Sie werden die spezielle Wirkung jeder Farbe deutlich spüren.

*Du stehst mit geschlossenen, gestreckten Beinen,
die Hände sind vor der Brust wie zum Gebet zusammengelegt.*

*Du stehst auf einem Berg.
Über dir blauer Himmel.
Rund um dich endlose Weite.*

*Du fühlst sich gelöst und frei.
Du atmest tief in den Bauch.
Du spürst die Unendlichkeit, die Weite.*

*Du führst die Hände langsam nach vorn,
bis deine Arme gestreckt sind.
Ganz langsam öffnest du deine Arme zur Seite,
du öffnest dein Innerstes.
Du nimmst die unendliche Weite in dich auf.
Du atmest befreit in den Bauch.*

*Du stehst über den Dingen.
Nichts kann dich einengen.
Du erkennst: Das Glück liegt nur in dir.
Du allein kannst dein Leben ändern.*

*Du fühlst dich frei.
Ruhe durchströmt deinen Körper.
Du spürst innere Freiheit.
Du spürst Ruhe und Harmonie.*

*Langsam schließt du deine Arme wieder.
Du schließt die Weite in dein Innerstes ein.
Alles, was du wirklich willst, erreichst du auch.
Niemand kann dich einengen.*

Es atmet.

DIE »ENERGY-HARMONYS«

Du stehst mit geschlossenen Beinen ...   ... zum Schluss in der »Winnetouhaltung«.

»Alles, was du wirklich willst, erreichst du auch. Deine Möglichkeiten sind unbegrenzt.«

Mit gestreckten Armen legst du die Hände wieder zusammen.
Nun winkelst du deine Arme wieder an.
Du hältst die zusammengelegten Hände vor deiner Brust.

Blaues Licht flutet in deinen Kopf und Hals,
durch deine Brust und deine Arme.
Blaues Licht flutet in deinen Bauch und in dein Becken.
Du atmest blaues Licht.
Blaues Licht flutet in deine Oberschenkel,
in deine Unterschenkel und Füße.
Blaues Licht flutet durch deinen ganzen Körper.

Du atmest blaues Licht.

Du legst die Fingerspitzen über Kreuz auf die Schulter,
mit angehobenen, waagerechten Armen (»Winnetouhaltung«).
Du spürst Ruhe und Harmonie.
Nur du allein kannst dein Leben ändern.
Deine Möglichkeiten sind unbegrenzt.

Trainieren Sie Ihre Emotionen!

DIE VIERTE ENERGY-HARMONY: »LASS DEINE SEELE WIEDER FLIEGEN«

Speziell gegen Depressionen

Wenn Sie in niedergedrückter Stimmung sind, kann Ihnen die vierte Harmony schnell wieder aus dem Tief helfen. Wenn Ihre depressive Stimmung schon länger anhält, wenn Sie unter einer Depression leiden, beachten Sie bitte unbedingt den Tipp auf Seite 79!

● Die vierte Harmony habe ich speziell als Hilfe gegen Depressivität entwickelt. Als Erstes wird die depressive Stimmung in ihrer vermeintlichen Hoffnungslosigkeit emotional geschildert. Die Vergangenheit erscheint wie ein verlorenes Paradies. »Du glaubst, Du stehst am Ende vor dem Nichts, weil alles, was mal war, erloschen ist …« – ab hier verwandelt sich das Bild der Depression in Hoffnung, in die Erkenntnis, dass ohne Veränderung kein Weiterkommen möglich ist.
Jede Depression hat etwas Positives, wir müssen es nur annehmen. Die Depression hilft uns, uns selbst in unseren Schwächen ehrlich zu erkennen. Das gibt uns später, wenn wir aus der Depression herausgekommen sind, die Kraft, an unserem Leben und an uns selbst entscheidend etwas zu verändern.
Der, dem es immer gut geht, hat keinen Grund, etwas zu verändern. Er selbst, aber auch das Leben, bleibt langweilig und oberflächlich.
Menschliche Stärken, Persönlichkeit und Charisma entwickeln sich durch die Bewältigung von Leid, Kampf und den Verlust von Menschen und Dingen, die wir lieben.
● Durch die emotionale Erkenntnis, die Sie beim Arbeiten mit der vierten Harmony bekommen, werden Sie wieder Glücksgefühle erleben können, die die Stresshormone und damit auch die depressive Stimmung abbauen.
➤ Die vierte Harmony nur ein- bis zweimal hören und anschließend das Übungsprogramm auf jeden Fall mit der ersten Harmony beenden. Diese Übung dient nur zur emotionalen Erkenntnis.

Du sitzt im Schneidersitz auf einem Kissen.

Verbrannte Erde, schwarze Weiten.
Wo einst hohe Wiesen standen,
wo Felder sich golden im Wind wiegten,
wo alte Bäume stumm
von Ruhe und von Frieden sprachen,
ist nur noch schwarz verbrannte Erde.

Schwarze, verkohlte Baumstümpfe
ragen anklagend empor,
stehen da wie ein Mahnmal.

DIE »ENERGY-HARMONYS«

Vereinzelt brennt noch letzte Glut,
es riecht nach Feuer, Rauch und Asche.
Ausgebrannte Seelen. Hoffnungslosigkeit.

Du glaubst, du stehst am Ende, vor dem Nichts,
weil alles, was mal war, erloschen ist.

Nur der Wolkenflug über dir ist unverändert,
und leise, ganz leise in der Ferne
hörst du Vogelgesang, wie eine Verheißung:
Heute fängt ein neues Leben an.

Hab Vertrauen und glaub an dich.
Denn Leben heißt Veränderung.
Lass Vergangenes los.
Hab Vertrauen.
Denn immer wieder ordnet sich
deine Welt in neuen Kreisen.

Es wachsen immer wieder neue Triebe.
Du spürst: Es atmet und lebt.
Du fühlst einen starken Lebensdrang.
Du willst leben, atmen, lieben.

Du spürst tiefe Dankbarkeit,
und deine Seele hörst du flüstern:
Hab Vertrauen und glaub an dich.

Denn die Welt weiß nichts von gestern,
weil nur der Augenblick Bedeutung hat.
Und irgendwann kann deine Seele wieder fliegen.
Aus Angst und Hass wird endlich Frieden,
wenn deine Seele wieder lieben kann.

Du spürst die Zeichen, nimm sie an.
Nur du allein kannst jetzt dein Leben ändern.
Du warst zuvor noch nicht bereit,
den neuen Weg zu gehen.
Heute fängt ein neues Leben an.

Geh deinen Weg.
Und lebe!

> »Und irgendwann kann deine Seele wieder fliegen. Heute fängt ein neues Leben an.«

Trainieren Sie Ihre Emotionen!

DIE FÜNFTE ENERGY-HARMONY: »ZAUBERWORTE«

Speziell für Ihre Affirmationen

● Um Ihre persönlichen Affirmationen tief im Unterbewusstsein zu verankern, sollten Sie die fünfte Harmony einmal täglich machen.
Sie werden diese Übung lieben, weil Sie sich hier den Luxus gönnen, mal ausschließlich positiv zu denken und zu fühlen und sich selbst liebevoll zu unterstützen.

Die fünfte Harmony ist wie ein Gebet – mit kraftvollen Worten, die Sie tief im Inneren bewegen, geben Sie Ihren Wünschen Ausdruck. Wenn Sie dieses Ritual täglich vollziehen, werden Sie die Energie finden, Ihre Träume zu verwirklichen.

Setz dich im Schneidersitz auf ein dickes Kissen,
die Hände liegen auf den Oberschenkeln,
mit den Handflächen nach oben.
Der linke Daumen berührt den Mittelfinger,
der rechte Daumen berührt den rechten Zeigefinger.
Schließ die Augen.

Es ist Sommer.
Die Abendsonne steht rot am Horizont.
Du sitzt auf einem Hügel.
Um dich herum friedliche Stille.

Du spürst Harmonie und Frieden.
Es gibt nichts zu tun.
Du lässt all deine Gedanken los
und atmest in den Bauch.
Der Atem kommt und geht.

Und nun sprich mir nach:

Mein Leben ist mein Weg, ich gehe den Weg.
Das Glück liegt in mir.
Ich allein kann mein Leben ändern.
Ich vertraue mir und meinem Leben.

Und nun mach allein weiter.
Sprich fünfmal laut deine eigenen Affirmationen,
die für dich wichtig sind.

DIE »ENERGY-HARMONYS«

Im Schneidersitz legst du die Hände auf die Oberschenkel, mit den Handflächen nach oben. Der linke Daumen berührt den Mittelfinger, der rechte Daumen berührt den Zeigefinger.

KAPITEL III

Gezielt gegen Stress, Angst und Depression

Angst ist das Leitmotiv – auch bei Stress und Depression. Hier lernen Sie, sich von ihr zu befreien. Mit dem Emotionalen Training finden Sie bessere Strategien gegen Stress, werden gelassen und souverän. Sie lernen, mit Trauer und Veränderung anders umzugehen, finden neue Perspektiven, mehr Selbstvertrauen und Lebensmut. So können Sie das Dasein wieder in vollen Zügen genießen.

Gegen Stress, Angst und Depression

DREI PHÄNOMENE – EIN THEMA

Stress, Angst und Depression haben Wesentliches gemeinsam: Der Körper schüttet eine Unmenge an Stresshormonen aus, die verhindern, dass wir uns wohl und glücklich fühlen. Diese Stresshormone führen zu innerer Unruhe, lähmen die Energie und machen krank, wenn sie nicht wieder abgebaut werden.

Mit dem Emotionalen Training lernen Sie, die Ursachen von psychosomatischen Beschwerden und Krankheiten zu beheben. Die Ursachen sind Ängste und Stress.

Meist wird aber nur an den Folgen herumgedoktert: Die körperlichen Symptome werden behandelt – und das in der Regel auch erst, wenn sie schon zu einer richtigen Krankheit geworden sind. Die Ursachen dieser Beschwerden allerdings, die viel tiefer, in der Psyche liegen, bleiben bestehen. Hohe Rückfallquoten gerade in diesem psychosomatischen Bereich sprechen eine deutliche Sprache.

Teufelskreis und Kettenreaktion

Auffällig oft entsteht ein psychischer Teufelskreis: Aus Dauerstress entwickeln sich Ängste und Depressionen, und die verstärken wiederum den Stress.
Forscher fanden zudem in den letzten Jahren immer mehr Hinweise darauf, dass Dauerstress und Depressionen auch biochemisch eng zusammenhängen. Diese Vorgänge im Gehirn werden als Stressachse bezeichnet – ein gutes Beispiel übrigens dafür, wie die hormonelle Kommunikation im Körper abläuft: Bei Stress und Depressionen produziert der Hypothalamus im Zwischenhirn mehr CRH. Dieses Hormon setzt in der Hypophyse die Produktion des Botenstoffs ACTH in Gang, der in der Nebennierenrinde die Ausschüttung des Stresshormons Cortisol bewirkt.

WAS HEISST HIER GESTRESST?

Die böse Schwiegermutter, ein Psychopath als Chef, Mobbing in der Firma, Beziehungsprobleme, Existenzängste, eine Trennung oder Scheidung, der Tod eines geliebten Menschen – all diese unterschiedlichen Situationen sind Garanten für Stress, so genannte Stressfakto-

DREI PHÄNOMENE – EIN THEMA

ren. Die Liste ließe sich beliebig fortsetzen, denn jeder Mensch hat andere Bereiche, in denen er besonders anfällig für Stress ist.

Auch die Stressempfindlichkeit ist von Mensch zu Mensch ganz verschieden: Der eine gerät schon bei dem Gedanken an zwei Termine pro Woche unter Hochdruck, die andere muss Fallschirmspringen, um eine Herausforderung zu fühlen.

Notwehr des Körpers

Stress an sich ist nichts Negatives. Denn er ist eine überlebenswichtige Reaktion unseres Körpers, die noch aus Jäger-und-Sammler-Zeiten stammt. In kritischen Situationen, wenn dem Jäger beispielsweise plötzlich ein Bär gegenüberstand, gab es nur zwei Möglichkeiten: zu kämpfen oder zu flüchten. Für beides benötigt der Körper schnell Energie, um körperliche Höchstleistungen zu bringen – und der Organismus stellt sich in Bruchteilen von Sekunden darauf ein.

»Stress – das sind die Handschellen, die man ums Herz trägt.«

Helmut Qualtinger

Was bei Stress passiert

Bei Stress kommt es unter anderem zu einer vegetativen und hormonellen Alarmbereitschaft unseres Körpers. Die Stresshormone Adrenalin, Noradrenalin, Testosteron und Cortisol werden ausgeschüttet und erreichen über die Blutbahn alle Organe und Körperzellen. Das Herz schlägt schneller, Blutdruck und Atemfrequenz steigen. Die Pupillen weiten sich, die Blutgefäße verengen sich. Die Leber stellt mehr Glukose als Brennstoffe für Gehirn und Muskulatur bereit und reduziert gleichzeitig die Produktion von Insulin, um den Brennstoff langsamer abzubauen. In den Bein-, Arm- und Rückenmuskeln erhöht sich die Spannung, auch der Kaumuskel spannt sich an. Es kommt zu vermehrter Schweißbildung. Die Sexualfunktionen werden vorübergehend eingeschränkt, weil sie jetzt unwichtig sind. Ebenso reduzieren Darm und Harnblase ihre Arbeit – damit Sie bei Kampf oder Flucht nicht noch aufs Klo rennen müssen.

Zu viel Stress macht krank

Die Reaktion unseres Körpers auf Stress ist heute noch dieselbe wie zu Urzeiten, auch wenn ganz andere Faktoren bei uns Stress auslösen. Diese sind in der Regel nicht lebens-, sondern »nur« gesundheitsbedrohlich – dafür haben sie sich vervielfacht. Wir kennen heute Arbeits-, Familien- und Prüfungsstress, Behörden-, Beziehungs- und

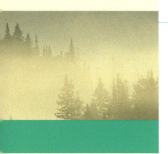

Gegen Stress, Angst und Depression

Freizeitstress … Dabei sind es vor allem die alltäglichen, kleinen Ärgernisse wie eine schlechte Atmosphäre am Arbeitsplatz und Nachbarschaftsstreitigkeiten, die zu chronischem Stress führen – und der ist es, der uns schließlich krank macht. Typische Auslöser für Dauerstress sind unterschwellige Stressoren wie Lärm, Reizüberflutung, Ärger, Frustration und Angst.

Vor allem das Stresshormon Adrenalin ist dafür verantwortlich, wenn Dauerstress sich auf unseren Körper auswirkt. Die Abwehrkräfte werden erheblich geschwächt, Infektionskrankheiten haben so größere Chancen. Aber auch Angststörungen, Spannungskopfschmerzen, Magen-Darm-Probleme, chronische Schmerzen und Bluthochdruck sind typische Folgesymptome. Die Gefahr eines Herzinfarktes oder Schlaganfalls nimmt erheblich zu, weil Adrenalin die Blutgefäße schädigt.

Der Begriff Stress (englisch »Druck«) wurde 1950 von dem Mediziner Hans Seyle so definiert: »Belastungen, Anstrengungen und Ärgernisse, denen ein Lebewesen täglich durch viele Umwelteinflüsse ausgesetzt ist. Es handelt sich um Anspannungen und Anpassungszwänge, die aus dem persönlichen Gleichgewicht bringen können und bei denen man seelisch und körperlich unter Druck steht.«

Folgen von Dauerstress

Herz-Kreislauf-Beschwerden
Herzrasen
Erhöhter Blutdruck
Erhöhtes Herzinfarktrisiko
Anfälligkeit für Infektionen
Magengeschwüre
Gastritis
Verdauungsbeschwerden
Veränderung des Cholesterinspiegels
Ungleichgewicht im Hormonhaushalt
Störungen im Zyklus der Frau
Sexuelle Funktionsstörungen (vorzeitiger Samenerguss, Impotenz)
Migräne
Atembeschwerden
Tinnitus
Hautveränderungen
Neurodermitis
Rheuma
Übermäßiges Schwitzen
Schwindelanfälle
Chronische Müdigkeit
Schlafstörungen
Ängste
Depressionen

VON GESUNDER UND UNGESUNDER ANGST

Wenn wir Angst haben, läuft im Körper hormonell Ähnliches ab wie bei Stress: Es wird eine Flut von Stresshormonen ausgeschüttet, die uns in Alarmbereitschaft versetzen. Hört die Angst gar nicht mehr auf, wird auch die Hormonausschüttung nicht mehr gestoppt – es kommt zu keiner Ruhe- und Erholungsphase mehr, es herrscht körperlicher Daueralarm.

Angst ist, genau wie Stress, eine natürliche Reaktion unseres Körpers auf bedrohliche Situationen. Durch die hormonellen Ausschüttungen werden wir in die Lage versetzt, in gefährlichen, Angst auslösenden Situationen zu flüchten. Angst (Furcht) beschützt uns davor, unser Leben oder unsere Gesundheit aufs Spiel zu setzen.

Wenn Sie allerdings ohne objektiven Grund in jedem Lift von Panik heimgesucht werden oder nachts grübelnd im Bett liegen, voller Sorge, ob Ihr Partner Sie eines Tages verlässt, ist diese Angst nicht mehr natürlich und gesund. Sie lässt Sie leiden, macht Ihnen das Leben zur Hölle und verdirbt oft jede Freude. Sie schränkt Sie in Ihrer Freiheit und Ihrem Handlungsspielraum ein.

Manchmal nehmen Ängste so überhand, dass sie das ganze Leben bestimmen. Dann wird daraus eine echte Krankheit. Wenn Sie das Gefühl haben, dass Ihre Angst Sie immer mehr am Leben hindert, sollten Sie bei einem Psychotherapeuten Hilfe suchen. Das Emotionale Training kann Ihre Genesung sehr unterstützen.

»*Es gibt keine Grenzen. Nicht für die Gedanken, nicht für die Gefühle. Die Angst setzt die Grenzen.*«

Ingmar Bergmann

Mein Tipp!

Mit Humor können Sie Ihre Angstbilder leichter abbauen. Hier eine Erste-Hilfe-Variante, wenn sich jemand wie ein echter Kotzbrocken benimmt. Stellen Sie sich doch einfach vor, Sie würden ihm ein Kondom auf die Stirn kleben und sagen: Du Wicht vermehrst dich nicht mehr! ...

Gegen Stress, Angst und Depression

Frank: Panikattacken durch Mobbing

Frank war Geschäftsführer in einem Pharmakonzern. Er kam zu mir ins Seminar, weil Angst- und Panikattacken, Depressionen und Schlafstörungen ihm das Leben zur Hölle machten. Er hatte die Geschäftsführung anderthalb Jahre zuvor unerwartet übernommen. Nominiert für diesen Posten war eigentlich ein anderer. Wie so oft konnte der andere mit dieser Entscheidung des Vorstandes schlecht leben und versuchte von da an, Frank das Leben zur Hölle zu machen. Das gelang ihm auch.

Bei jeder Besprechung oder Konferenz startete er seine Versuche, Frank zu demontieren, hetzte Kollegen gegen ihn auf und kontrollierte ihn heimlich auf Schritt und Tritt. Nach einem Jahr begannen Franks Panikattacken mit so starken Schweißausbrüchen, dass er innerhalb von Sekunden patschnass war. In Sitzungen wurde Frank durch diese nicht zu übersehende Tatsache total verunsichert und fahrig, was seinen Widersacher natürlich freute. Die Angst wurde immer schlimmer. Depressionen und Schlafstörungen waren die Folgen.

Rational konnte Frank das Problem nicht lösen. Er wusste zwar genau, dass der gekränkte Mitarbeiter aus eigener Schwäche heraus alles versuchte, um Franks Kompetenz in Zweifel zu ziehen – aber dadurch wurde er auch nicht gelassener.

Die Angst vor der Angst

Ich fragte Frank zunächst, wovor er konkret Angst habe. Er antwortete, es ginge nie um den Inhalt der Besprechungen, weil er immer sehr gut vorbereitet sei. Er habe Angst vor den nicht zu verbergenden Schweißausbrüchen. Ich riet Frank, diese Tatsache doch als Gag für sich zu nutzen. Beim nächsten Schweißausbruch solle er sein Taschentuch herausholen und kopfschüttelnd bemerken: »Seit ich gelesen habe, dass auch Männer in die Wechseljahre kommen, habe ich Hitzewallungen wie Tante Frieda.« Diese Idee amüsierte Frank köstlich. Er hatte damit eine Lösung für sein Angstbild und konnte mit seinen Ängsten anders umgehen.

Humor kann aus Riesen Zwerge machen

Außerdem schlug ich ihm noch ein angstlösendes Bild für seinen Widersacher vor: Er solle sich ihn als kleine Comicfigur vorstellen, die in Besprechungen ständig dazwischenredete, um Frank anzuschwärzen. Frank solle in diesem Phantasiebild völlig gelassen und souverän reagieren, die anderen Teilnehmer der Konferenz genervt. Jeder hätte durchschaut, dass Herr X sich unprofessionell und kontraproduktiv verhalte und deshalb

DREI PHÄNOMENE – EIN THEMA

auch nicht ernst zu nehmen sei. Nachdem Herr X – noch immer Comicfigur – gespürt hätte, dass er sich lächerlich gemacht habe, säße er blamiert und kleinlaut, mit hochrotem Kopf am Konferenztisch.
Auch bei diesem Bild musste Frank lachen. – Gerade solche humorvollen Bilder sind bestens geeignet, um Angstbilder zu verändern.
Frank rief mich eine Woche später an und erzählte mir, dass er zu dem Gag mit den Wechseljahren gar nicht gekommen sei, weil er keine Schweißausbrüche mehr hatte. Die Vorstellung von Herrn X als Comicfigur genügte, dass Frank sich diesem Herrn gegenüber völlig gelassen verhalten konnte. Der Spuk hatte ein Ende.

Unterschiedliche Formen der Angst

➤ Angst zu versagen, verlassen zu werden, die Miete nicht mehr zahlen zu können, Angst vor Aggression, ... – manchmal werden reale Ängste für eine Weile so unverhältnismäßig stark, dass sie Denken und Handeln blockieren, körperliche Beschwerden und Schlaflosigkeit verursachen und damit das ganze Leben massiv beeinträchtigen.
➤ Angst gehört zu vielen Krankheiten dazu – wenn Sie also unter starken Ängsten leiden, sollten Sie vom Arzt abklären lassen, ob Sie eine seelische oder körperliche Krankheit haben.
➤ Von einer »*Angstneurose*« spricht man, wenn die Angst keinen bewussten Ursprung hat und sich auf keine real bedrohliche Situation bezieht. Bei dieser Angst hilft in erster Linie psychotherapeutische Behandlung. Die Angst äußert sich in bestimmten psychischen und körperlichen Symptomen (Seite 76) unterschiedlicher Ausprägung:
● *Generalisierte Angst (freiflottierende Angst):* Betroffene empfinden ein qualvolles, unbestimmtes, ausweglose Gefühl von Bedrohung durch etwas Unbekanntes. Die Angst ist ständig gegenwärtig und nicht an bestimmte Objekte oder Ereignisse gebunden.
● *Phobien:* Eine Phobie richtet sich immer auf ein Objekt oder eine spezielle Situation, hat aber keinen realistischen Grund. Solche Objekte können zum Beispiel Schlangen oder Spinnen sein (Tierphobie). Agoraphobie ist die Angst vor großen Plätzen, Klaustrophobie die Angst vor engen oder abgeschlossenen Räumen, Soziophobie ist die Angst vor Menschenmengen, Akrophobie ist Höhenangst.
● *Panikattacke/-syndrom:* Ängste und Phobien treten anfallsartig auf, die Angstsymptome sind sehr heftig, bis hin zu Todesangst.
● *Herzneurose/Herzphobie:* Obwohl keine Herzerkrankung vorliegt, treten anfallsweise starkes Herzklopfen und heftige körperliche Angstsymptome auf, mit panischer Todesangst. Die Angst vor dem Sterben (und dem nächsten Anfall) prägt das ganze Leben.

Wenn Ihnen eine aktuelle Situation Angst macht oder wenn Sie zum Beispiel immer wieder vor neuen Situationen Angst haben, wird Ihnen das Emotionale Training sehr helfen. Wenn Sie glauben, an einer Angstneurose zu leiden, wie sie im nebenstehenden Text beschrieben ist, sollten Sie in jedem Fall psychotherapeutische Hilfe suchen! Das Emotionale Training kann Ihre Therapie sinnvoll unterstützen.

Gegen Stress, Angst und Depression

● *Zwangsstörungen:* Bestimmte Gedanken oder Handlungen drängen sich immer wieder auf und lassen sich trotz besseren Wissens nicht unterdrücken. Gibt man dem Impuls nicht nach, kommt unerträgliche Angst hoch. Man fühlt sich dem Zwang ausgeliefert. Beispiele sind Zwangsvorstellungen (etwa, anderen könne etwas zustoßen), Waschzwang (ständiges Händewaschen), Kontrollzwang (zum Beispiel mehrfach prüfen, ob der Herd aus ist oder die Tür verriegelt).

Typische Angstsymptome

Angst äußert sich immer auf drei Ebenen, auf der psychischen, der körperlichen und der Verhaltens-Ebene:

Psychische Symptome
Angst, Unruhe, Spannung, Niedergeschlagenheit, intellektuelle Leistungsbeeinträchtigung; bei Panikattacken auch Angst, verrückt zu werden oder zu sterben

Körperliche Symptome
Herzklopfen, Herzrasen, Schwindelgefühl, Atemnot, Beklemmung; trockene oder zugeschnürte Kehle, Kloßgefühl, Magen-Darm-Probleme, Harndrang, Libidoverlust;
Kopf- und Muskelschmerzen, Anspannung, motorische Unruhe, nächtliches Zähneknirschen;
Gefühl von Kribbeln, Ameisenlaufen auf der Haut;
Zittern, Hitzewallungen oder Kälteschauer, Schweißausbruch, Schwächegefühl;
Ein- und Durchschlafstörungen, frühes Erwachen

TRAURIG, DEPRIMIERT ODER DEPRESSIV?

Jeder kennt das Gefühl, niedergeschlagen oder deprimiert zu sein. Manchmal ist es nur das schlechte Wetter, das die Stimmung trübt, manchmal aber auch ein großer Verlust wie der Tod eines geliebten Menschen, der uns über lange Zeit hinweg deprimiert. Im alltäglichen Sprachgebrauch werden die Begriffe *depressiv*, *deprimiert* oder *niedergeschlagen* oft undifferenziert verwendet. Sie alle beschreiben eine Stimmung, in der sich ein Mensch niedergedrückt (wörtlich aus dem Lateinischen »deprimere«) und traurig fühlt. Aber wer deprimiert ist, ist deshalb noch nicht automatisch depressiv. Eine echte Depression ist eine Krankheit, die weit über ein vorübergehendes Stimmungstief hinausgeht, und zwar in ihrer Intensität und in ihrer Dauer.
Trotz dieser Einschränkung sind Depressionen längst zu einer Volkskrankheit geworden. 10 bis 20 Prozent der Patienten, die ärztliche Hilfe suchen, leiden an einer depressiven Symptomatik. Dennoch tun

DREI PHÄNOMENE – EIN THEMA

sich viele Mediziner noch schwer, die Krankheit zu diagnostizieren und ihren Ernst anzuerkennen. Und die meisten Betroffenen schämen sich für ihren Zustand. Sie empfinden ihn als qualvoll, fragen sich, wie sie den Tag überstehen sollen und wollen manchmal einfach nur sterben, damit das alles endlich ein Ende hat.

Typische Formen der Depression

Es gibt nicht »die« Depression. Depressionen habe unterschiedliche Ursachen und Erscheinungsformen. Ausgelöst wird eine Depression meist durch negative, stressbedingte Dauerbelastungen, einen Schockzustand, ein Trauma, eine Trennung oder einen Todesfall. Oft liegt aber eine Veranlagung oder eine Erkrankung zugrunde. Das äußere Ereignis bringt die Krankheit dann nur zum Ausbruch.

● *Traurigkeit, Deprimiertsein:* Das ist die angemessene Reaktion auf traurige, entmutigende Ereignisse – meistens geht es um Trennung oder andere einschneidende Änderungen, um einen Abschied. Oft ist die Trauer begleitet von körperlichen Beschwerden wie Erschöpfung und Magen-Darm-Problemen. Wenn die Trauer gelebt werden kann, wenn der Verlust akzeptiert und so bewältigt wird, klingt die Trauer langsam ab und Neues darf ins Leben treten.

● *Depressive Reaktion:* Problematisch wird es, wenn die Trauer sehr stark ist und sehr lange andauert, wenn Versteinerung und völliger Rückzug, Interesselosigkeit, auch Aggressivität und Verbitterung dazukommen. Das kann mit Einsamkeit, Selbstvorwürfen, dem Gefühl von Versäumnissen zu tun haben, mit Angst vor Veränderung und Ungewissheit. Deshalb können depressive Reaktionen auch nach

> Depressionen wurden früher nach Ursachen kategorisiert in *psychogen* (reaktiv), *endogen* (anlagebedingt) und *somatogen* (organisch-körperlich bedingt). Da man heute davon ausgeht, dass immer mehrere Faktoren zusammenspielen, beschreibt man Depressionen eher entsprechend dem Auslöser, Schweregrad und Verlauf.

Typische Symptome der Depression

Depressive Symptome sind vielfältig und sehr individuell – hier seien einige beispielhaft aufgeführt.

Psychische Symptome
Trübsinn, Desinteresse, Freudlosigkeit, Leere, Ängstlichkeit, Minderwertigkeitsgefühle, Antriebsschwäche, Konzentrations- und Gedächtnisschwäche; Schuldgefühle, Hoffnungslosigkeit, Selbstmordgedanken.

Körperliche Symptome
Unter anderem Erschöpfung, Schlafprobleme, Magen-Darm-Beschwerden, Druckgefühl auf der Brust oder im Bauch, schwerer Kopf, zugeschnürter Hals; innere Unruhe. Manchmal sind die körperlichen Symptome so ausgeprägt, dass sie die psychischen Symptome verdecken – man spricht dann von einer »larvierten Depression«.

> *»Wenn Angst und Traurigkeit lange Zeit anhalten, handelt es sich um einen Zustand von Melancholie.«*
>
> So hat Aristoteles 350 v. Chr. die Depression beschrieben

einem beruflichen Wechsel, nach der Pensionierung, nach einem Umzug oder sogar im Urlaub auftreten.

● *Neurotische Depression:* Sie ist eine Reaktion auf frühkindliche Erfahrungen, die immer wieder zu schweren depressiven Phasen führt. Oft entwickeln sich auch Alkohol- und Medikamentenabhängigkeit. Den Betroffenen fehlt es an Urvertrauen, eine Trennung erleben sie als schwere seelische Verletzung. Das kann aggressive Gefühle gegen den anderen auslösen, die aber unterdrückt und letztlich gegen sich selbst gewendet werden (bis hin zu Selbstmordgedanken).

● *Affektive Psychosen (manisch-depressive Krankheiten)* sind schwere seelische Erkrankungen, die phasenweise auftreten. Die *depressive Phase* ist mit Traurigkeit nicht zu vergleichen. Betroffene beschreiben den Zustand als versteinert, gleichgültig, leer, unlebendig, tot, ausgebrannt. Sie empfinden keine Gefühle, auch keine Trauer, wohl aber Angst. Angst vor allem, was zu tun ist, auch vor dem ganz Alltäglichen. Sie können sich zu nichts entschließen, zu nichts aufraffen, jede Tätigkeit wird zur Qual. Zugleich fühlen sie starke innere Unruhe. Schuldgefühle, Ängste und Hoffnungslosigkeit führen oft zu Selbstmordgedanken. Neben vielen körperlichen Beschwerden sind Schlafstörungen das häufigste Symptom.

Die *manische Phase* ist der andere Pol: Gefühle sind extrem, Aktivität und Bewegungsdrang übersteigert, das Denken sprunghaft und überspannt bis größenwahnsinnig. Daraus entstehen oft Handlungen, die nach Abklingen der Phase als sehr beschämend empfunden werden.

DREI PHÄNOMENE – EIN THEMA

Die Phasen können allein oder kombiniert auftreten, einmalig oder wiederholt. Jede Phase kann einige Tage bis zu zwei und mehr Jahre dauern, die relativ symptomfreien Zwischenzeiten auch Jahrzehnte. Als Ursache scheint Vererbung eine Rolle zu spielen, aber ebenso hormonelle und psychische Faktoren. Behandelt wird medikamentös und psychotherapeutisch, ambulant oder stationär.

● Viele Frauen leiden wegen Hormonumstellungen im Wochenbett unter Depressionen, häufig auch im Klimakterium. Außerdem gibt es organisch bedingte Depressionen, zum Beispiel bei Hirnkrankheiten oder Schilddrüsenerkrankung, durch Arzneimittel verursachte Depressionen, Depressivität bei Alkoholismus, Demenz, Schizophrenie.

Die Chance erkennen

Doch bei allem Elend, das eine Depression mit sich bringt: Sie birgt – wie jede Krankheit – auch eine Chance in sich. Denn sie fordert dazu heraus, sich seiner Trauer, seiner Wut und seines Schmerzes anzunehmen, die Vergangenheit ehrlich anzuschauen und sich zu verabschieden von alten, überholten Vorstellungen. Wenn wir diese Chance ergreifen, können wir unser Leben wirklich verändern, in die richtige, ehrliche Richtung: unserem eigenen Wesen entsprechend. Dann können wir auf Dauer stärker, weiser und glücklicher werden. Es ist wie mit jeder Lebenskrise: Wenn wir sie gemeistert, also die darin enthaltenen Aufgaben gelöst haben, gehen wir gestärkt daraus hervor. Deshalb sind auch viele Depressive im Nachhinein dankbar für ihre überstandene Depression, denn ohne sie hätten sie ihr Leben nicht von Grund auf geändert und wären niemals wirklich glücklich geworden.

Maria: Wenn Trauer zur Depression wird

Als Maria zu mir ins Seminar kam, litt sie schon seit vier Jahren, seit dem Tod ihres geliebten Mannes, an schweren Depressionen, die mit Schlafstörungen einhergingen. Sie erzählte mir, dass sie 50 Jahre lang mit ihrem Mann verheiratet war, der ihr jeden Wunsch von den Augen abgelesen hatte und sie auf Händen trug. Nach dem Tod fiel sie in ein tiefes, schwarzes Loch. Sie sah keinen Sinn mehr in ihrem Leben. Sie fühlte sich unendlich einsam, obwohl sie viele Freunde hatte, die sich auch noch nach Jahren rührend um sie kümmerten, sie einluden, mit ihr ins Kino, Theater oder in Konzerte gingen und auch mit ihr Urlaub machten. Maria war dankbar für die unermüdliche Zuwendung der Freunde, aber diese Dankbarkeit kam »aus dem Kopf«, nicht aus dem Herzen, denn ihr Herz war wie tot. Wenn sie abends allein zu Hause war, musste sie nur den Sessel

Mein Tipp!

Wenn Sie unter einer Depression leiden, sollten Sie zunächst zu einem Arzt für Psychotherapie oder einem Psychiater gehen. Dieser muss abklären, welche Form der Depression vorliegt und wie diese behandelt werden kann.
Bei einer reaktiven oder neurotischen Depression können Sie die Therapie mit dem Emotionalen Training gut unterstützen. Bei einer schweren Depression macht das Sinn, sobald Sie wieder Zugang zu Ihren Gefühlen haben.

Gegen Stress, Angst und Depression

> Sie können Ihre inneren Bilder bewusst verändern. Geben Sie schmerzlichen Bildern eine positive Wendung, gestalten Sie eine liebevolle, unterstützende Situation, in der Sie sich dem Leben wieder zuwenden – und erleben Sie das neue Bild intensiv wie einen Film.

sehen, in dem ihr Mann immer gesessen hatte, und schon fuhr ein Schmerz wie ein Blitz durch ihren Körper und sie sah immer wieder ihren Mann in seinen letzten Stunden vor seinem Tod.

Maria war gefangen in ihren inneren Horrorbildern, die sie in tiefe Depressionen stürzten und sie auch nächtelang mit schmerzendem Herzen wach hielten. Ein Psychotherapeut, den sie aufsuchte, konnte ihr nicht helfen. Er konnte zwar ihre Trauer und ihren Schmerz genau analysieren – doch diese Analyse fand eben »im Kopf« statt. Maria wusste zwar, warum sie depressiv war, aber das half ihr nicht, den Schmerz abzubauen, denn die emotionale Ebene wurde mit der Analyse nicht erreicht.

Über eine Freundin kam Maria zu einem »Medium«, um Kontakt mit ihrem verstorbenen Mann aufzunehmen. In der Tat konnte dieses Medium erstaunlich genau Marias Leben schildern und anscheinend auch Kontakt zu ihrem Mann herstellen. Maria befragte ihren Mann, was er ihr und der gemeinsamen Tochter raten würde, wie sie mit ihrem großen Kummer umgehen sollten. Ihr Mann antwortete über das Medium, dass er sich nicht um die Tochter kümmern könne, sondern nur um seine Frau, da diese so in ihrer Trauer gefangen sei.

Der Weg zurück ins Leben

Nun mag man über solche übersinnlichen Phänomene denken, was man will, für mich machte Marias Schilderung deutlich, dass nur ihr verstorbener Mann ihr die emotionale Motivation geben konnte, wieder leben zu wollen. Also sagte ich Maria, sie solle für ihren Mann wieder anfangen zu leben, ihm damit zeigen, dass er sich keine Sorgen mehr um sie machen müsse. Denn erst, wenn sie ihn loslasse, könne er seinen Frieden finden.

Da Maria jeden Tag in Trauer mit ihrem verstorbenen Mann sprach, sollte sie diesen Dialog nun positiv verändern. Sie sollte ihm zeigen, dass sie es jetzt auch allein schafft. Bei allem, was sie mit Erfolg tat, sollte sie ihn einbeziehen und sich dabei vorstellen, wie er selig schmunzelnd auf einer Wolke lag und auf sie herabschaute, stolz, dass sie jetzt ihr Leben selbst in die Hand nahm und wieder glücklich wurde.

Ich spürte deutlich, wie diese neuen Bilder bei Maria einen Schalter im Kopf umlegten. Das Gesicht entspannte sich sofort und bekam wieder Farbe, die matten Augen glänzten. Sie fühlte sich wie verzaubert: Liebe war in ihr Leben zurückgekehrt. Die neue Verbindung zu ihrem Mann und das Gefühl, etwas für ihn tun zu können, machten sie glücklich.

So baute Maria diese Bilder in ihr tägliches Übungsprogramm ein und musste jedesmal dabei weinen – jetzt aber nicht mehr aus Trauer und Schmerz, sondern vor Ergriffenheit. Marias Depressionen und die Schlafstörungen verschwanden auf Dauer.

*Ändere deine Bewertungen,
intensiviere deine Wahrnehmung,
ändere dich selbst,
dann ändert sich auch deine Welt.*

Gegen Stress, Angst und Depression

SO WERDEN SIE IHRES GLÜCKES SCHMIED

Halten Sie Stress, Ängste und depressive Stimmungen für fremdbestimmt und fühlen sich ihnen gegenüber ohnmächtig? Meinen Sie, die Ursachen lägen außen und Sie könnten ohnehin nichts dagegen tun? Dann liegen Sie damit falsch. Denn alle Gefühle, auch die stärksten, die Sie manchmal regelrecht überrollen, entstehen nirgendwo anders als in Ihnen selbst. *Sie* reagieren auf etwas mit Angst. *Sie* fühlen sich in bestimmten Situationen gestresst.

»Wer mich verletzt, bestimme ich selbst.«

Winston Churchill

Es ist wichtig, dass Sie sich das bewusst machen: Nur Sie selbst produzieren Ihre Wut, Ihre Angst, Ihren Stress, Ihre Demütigungen und persönlichen Verletzungen. Denn all diese Gefühle sind Ihre subjektiven Empfindungen, für die Ihre eigene Bewertung der jeweiligen Situation ausschlaggebend ist.
Mit dieser Erkenntnis arbeitet das Emotionale Training. Denn so unangenehm die Einsicht »Nur ich selbst kann mich verletzen« und »Nur ich selbst produziere meinen Stress und meine Angst« auch zunächst sein mag – sie gibt uns die Chance, etwas zu verändern. Wenn wir die Verantwortung für *all* unsere Gefühle übernehmen, können wir tatsächlich »unseres eigenen Glückes Schmied« werden.

TRAINIEREN SIE IHR GLÜCK

Das Emotionale Training bietet Ihnen ein breites Programm, mit dem Sie aktiv an Ihrem Glück arbeiten können.
Dazu müssen Sie zunächst die eigentlichen Ursachen für Ihr Unglück, Ihre Ängste und Depressionen, Ihre Trauer und Ihr fehlendes Selbstbewusstsein ergründen. Auf dieser Spurensuche werde ich Sie im Folgenden begleiten.
Und ich werde Ihnen Anregungen geben, wie Sie zu neuen emotionalen Bildern kommen können, die Sie von den alten negativen befreien und zur Ausschüttung der gewünschten Glückshormone führen.
Sie werden lernen, Ihre negativen Wahrnehmungen zu verändern, Selbstbewusstsein zu entwickeln und sich selbst zu lieben. Und wenn Sie sich selbst lieben, dann sind Sie wirklich glücklich.

DIE INNEREN SCHMERZBILDER VERWANDELN

Neue emotionale Bilder bewirken im Körper eine sofortige biochemische Veränderung, die wie eine Erlösung empfunden wird – als ob ein Knoten im Bauch aufgeht. Denn ein Cocktail aus Glückshormonen wird ausgeschüttet, der Stresshormone und Energieblockaden im Körper meist umgehend abbaut.
Stress, Ängste, Trauer und Depressionen verlieren durch neue Bewertungen ihren Schrecken. Und in Ihr Leben kommen wieder Freude, Vertrauen und die Motivation, an Ihrem Glück zu arbeiten. Probieren Sie es aus!

Was löst wirklich meine Gefühle aus?

➤ Dazu müssen Sie zunächst genau analysieren, was Sie schmerzt, frustriert oder ängstigt.
Meist laufen dann vor dem inneren Auge »Filme« ab von Situationen aus der Vergangenheit oder Angst vor der Zukunft, die altbekannte Gefühle wecken. Oft werden Situationen aus vergangenen Zeiten glorifiziert und mit der gegenwärtigen Lage verglichen.
Dabei entstehen Gefühle von Verlust und unendlicher Einsamkeit, die dazu führen können, dass man keinerlei Lebensfreude mehr empfindet – vermeintlich für immer.
Sie werden feststellen, dass sich diese inneren Filme selbst in ganz unterschiedlichen Krisensituationen erstaunlich ähneln, ob es sich um den Verlust des Arbeitsplatzes, um eine Trennung vom Partner, einen Todesfall oder eine Demütigung handelt.

Denken Sie daran: In jeder Lebenskrise steckt immer eine Entwicklungschance. Leben heißt Veränderung.

Neue Bewertungen finden

➤ Nach der Analyse Ihrer Lebenssituation geht es darum, diese neu zu bewerten. Machen Sie sich bewusst, wie viele Veränderungen es schon in Ihrem Leben gegeben hat, die ebenfalls sehr schmerzhaft waren, die aber für Ihre Entwicklung und Ihr Weiterkommen besonders wichtig gewesen sind – sonst würden Sie heute noch mit dem Schnuller in der Wiege liegen!
Jedes Leben, auch Ihres, muss sich verändern. Leben bedeutet Entwicklung. Sie können nichts festhalten. Sie können aber lernen, das Leben mit seinen Veränderungen anzunehmen und, wenn es an der Zeit ist, Altes in Liebe loszulassen.

> »Wir brauchen nicht so fortzuleben, wie wir gestern gelebt haben. Macht euch nur von dieser Anschauung los, und tausend Möglichkeiten laden uns zu neuem Leben ein.«
>
> Christian Morgenstern

➤ Sie können lernen, die schmerzhaften Bilder in versöhnliche, auch humorvolle Bilder umzuwandeln.

Nehmen wir das Beispiel, vom Partner verlassen zu werden. Die erste übliche Bewertung wird sein: »Ich bin eben nicht liebenswert. Kein Wunder. Alle anderen sind ja auch hübscher und liebenswerter als ich.« Der Weg in die Depression ist vorgezeichnet.

Die Bewertung könnte – nach einer ersten Trauerphase – dann aber so aussehen: »Wir haben uns eben in unterschiedliche Richtungen entwickelt. Das ist normal. Schließlich geht die Hälfte aller Ehen auseinander. Ich habe jetzt die Möglichkeit, mich frei weiterzuentwickeln.«

Eine Trennung ist immer auch die Chance zu einem Neuanfang. Sie gibt Ihnen die Gelegenheit, sich auf sich selbst zu besinnen, sich selbst und Ihr Leben positiv zu verändern.

Nutzen Sie also Ihre Chance! Vertun Sie nicht Ihre Zeit damit, Ihrem Partner oder sich selbst Schuld zuzuweisen. Das bringt gar nichts und tut Ihnen nur weh.

Glaube schenkt Vertrauen

➤ Wenn Sie gläubig sind, wird es Ihnen leichter fallen, das Leben mit seinen oft schmerzhaften Veränderungen anzunehmen. Egal, an was Sie glauben, an Gott, Buddha, an Ihren Schutzengel oder eine göttliche Kraft: Der Glaube an eine höhere Instanz gibt Ihnen Kraft und Stärke, auch schwere Schicksalsschläge als Aufgabe anzunehmen.

SO WERDEN SIE IHRES GLÜCKES SCHMIED

▶ Sie können auch je nach Glauben den Schutzengel oder die göttliche Kraft in die »Energy-Harmonys« einbauen: Stellen Sie sich bei den Suggestionen vor, wie diese höheren Mächte Ihnen die Gewissheit geben, dass Sie auf dem richtigen Weg sind, dass alles seinen Sinn hat und wieder gut werden wird. Wie gesagt: Das funktioniert natürlich nur, wenn Sie gläubig sind.

Jessika: Mit dem Schutzengel aus dem Tief

Dass der Glaube Berge versetzen kann, ist bekannt. Auch einer meiner Seminarteilnehmerinnen half der Glaube an ihren Schutzengel in einer schweren Lebensphase.
Jessika, ein magersüchtiges 15-jähriges Mädchen, litt an Depressionen. Sie lebte seit einem Jahr isoliert von ihren Freunden und blieb die meiste Zeit zu Hause. Im Gespräch stellte sich heraus, dass Jessika an ihren Schutzengel glaubte. Bei der dritten »Energy-Harmony« baute sie ihn als persönliches, emotionales Element mit ein.
Jessika sollte sich vorstellen, mit ihrem Schutzengel auf dem Berg zu stehen. Die Probleme wirkten von diesem Blickwinkel aus nicht mehr so erdrückend, sondern überschaubarer, annehmbarer. Die Suggestionen, die bei der Übung gesprochen werden, wie »Alles, was du wirklich willst, erreichst du auch« oder »Niemand kann dich einengen«, erlebte Jessika mit starken Emotionen, weil es ihre eigene Situation traf. Sie stellte sich vor, dass ihr Schutzengel diese Worte zu ihr sprach. Das gab ihr Kraft.
Sie fühlte sich im Leben sehr von ihren Eltern eingeengt, die sich ständig stritten und denen sie nichts recht machen konnte. Sie fühlte sich aber auch eingeengt von ihrem eigenen Leistungsdruck. Sie glaubte, Liebe und Anerkennung nur über Leistung zu bekommen.

Jessika spürte bei dieser Übung, die sie allein mit Kopfhörer machte, ein starkes Glücksgefühl, Geborgenheit, Ruhe und Vertrauen, und diese Glücksgefühle bauten die Depression ab.
Sie lernte, mit dem Programm weiterzuarbeiten, und wurde von der Depression und auch von der Magersucht geheilt. Sie rückte ihr inneres Bild wieder zurecht (Magersüchtige sehen sich selbst dann noch dick, wenn sie bereits lebensbedrohlich abgemagert sind). Wie Jessika mir erzählte, sah sie sich nach fünf Tagen das erste Mal dünn und konnte von da an wieder essen. Sie arbeitete ein halbes Jahr täglich mit dem Programm und ist seit drei Jahren geheilt.
Jessika lernte auch wieder, in sich selbst und in ihr Leben Vertrauen zu haben. Durch ihren Glauben fiel es ihr leichter, auch schmerzhafte Veränderungen als Herausforderungen anzunehmen.

> **Glücklich sind die, die glauben können. Der Glaube (egal welcher) gibt Kraft und einen Sinn im Leben.**

Gegen Stress, Angst und Depression

Trauer ausleben, ohne abzurutschen

Wenn ein geliebter Mensch stirbt, fallen wir oft in ein tiefes Loch. Es besteht dann die Gefahr, dass wir aus diesem Schmerz nicht mehr herauskommen und in eine Depression abrutschen. Dagegen können Sie aber etwas tun.

➤ Das heißt nicht, dass Sie Ihre Trauer verdrängen sollen! Beim Verlust eines geliebten Menschen ist es wichtig, die Trauer zuzulassen und nicht wegzuschieben. Eine Trauerphase muss sein und soll gelebt werden! Bevor Ihre Trauer aber in eine Depression abrutscht, sollten Sie Ihre Trauerbilder umwandeln.

Fast alle Betroffenen führen einen inneren Dialog mit dem Verstorbenen, meist voller Schmerz und in tiefer Trauer. Zu Lebzeiten des Verstorbenen wäre dieser Dialog ganz anders geführt worden, vielleicht mit einem Augenzwinkern, schmunzelnd, mit Humor. Aber das trauen wir uns kaum, bekommen dabei ein schlechtes Gewissen, als ob es eine Taktlosigkeit wäre, einen fröhlichen, witzigen Gedanken in Verbindung mit einem Verstorbenen zu haben. Warum eigentlich? Es gibt keinen Grund dafür!

➤ Verändern Sie deshalb Ihre Bilder, wenn Sie mit einem Verstorbenen sprechen. Denken Sie an die Situationen, in denen Sie gemeinsam gelacht haben. Stellen Sie sich Ihren Partner vielleicht auf einer Wolke liegend vor, wenn Sie mit ihm reden – so wie Maria (Seite 80).

Die direkte Verbindung zwischen Nerven- und Immunsystem ist auch in der Liebe aktiv. Durch Liebe wird die Selbstheilungskraft stark aktiviert. Durch Liebeskummer dagegen wird das Immunsystem und damit die Selbstheilung geschwächt.

Trotz Liebeskummer Abstand gewinnen

Liebe ist das stärkste und wichtigste Gefühl in unserem Leben. Wenn wir geliebt werden, wachsen uns Flügel. Wir sind voller Energie, brauchen weniger Schlaf, wenig zu essen und haben ein starkes Immunsystem. Zudem sehen wir um Jahre jünger aus.

Kein Wunder also, dass wir uns alle nach Liebe und Anerkennung sehnen. Und wenn wir beides bekommen, möchten wir es am liebsten für immer festhalten. Doch im Leben kann man nichts festhalten, alles ist in Bewegung, verändert sich – auch die Liebe.

Liebeskummer, also Verlassenwerden und Liebesentzug, ist der schlimmste psychische Schmerz und die stärkste Stressbelastung.

Bei Liebeskummer kreisen die Gedanken schmerzlich in der Vergangenheit oder in selbstquälenden Vermutungen. Das Herz rast, der Magen krampft sich zusammen und an Schlaf ist nicht zu denken.

➤ Aber selbst in den schmerzhaftesten Situationen sollten Sie Ihren Humor nicht verlieren. Denn der hilft Ihnen, Abstand zu sich und Ihrer Situation zu finden.

SO WERDEN SIE IHRES GLÜCKES SCHMIED

Christine: Den Angebeteten vom Sockel holen

Christine, eine Seminarteilnehmerin, erzählte mir von einer enttäuschten Liebe, die bereits sieben Jahre zurücklag und immer noch schmerzte. Sie war damals verheiratet und lernte auf einem Seminar einen Mann kennen, der sie faszinierte. Sie verliebte sich Hals über Kopf und glaubte, für ihn wäre diese Begegnung ebenso wichtig – wie er ihr auch beteuerte. Christine trennte sich daraufhin von ihrem Mann, musste aber feststellen, dass der andere, entgegen seiner Behauptung, verheiratet war und gar nicht daran dachte, sich zu trennen. Er gab Christine keine Erklärung und brach jeglichen Kontakt zu ihr ab.

Christine stürzte daraufhin in schwere Depressionen, konnte nicht mehr schlafen, verlor ihre Haare und nahm in einem Jahr zwanzig Kilo zu.

Als sie sechs Jahre später zu mir kam, war der Schmerz noch immer so stark, dass sie sofort weinte, als sie mir die Geschichte erzählte. Noch immer quälten sie Alpträume zu diesem Erlebnis, noch immer dachte sie täglich an ihn und daran, warum er ihr das angetan hatte.

Klammern Sie sich nicht an die Vergangenheit, sonst werden Sie unbrauchbar für die Gegenwart!

Die Realität anschaulich machen

Hier hakte ich ein und sagte Christine, er habe das nicht ihr, sondern nur sich selbst angetan. Ein Mann, der ständig die Bestätigung vieler Frauen brauche, sei schwach. Er brauche das Gefühl, jede Frau finde ihn unwiderstehlich. Er sei rastlos – und wehe, die Frauen wollen ihn nicht: Dann fühle er sich erbärmlich.

Christine sollte sich diesen Mann nun als Comicfigur vorstellen, wie er in einem Kreis von Frauen steht, die alle um zwei Köpfe größer sind als er. Er zupft jede Frau am Ärmel und fragt sie: »Willst du mich haben?« Aber jede Frau schüttelt ihn lachend oder verärgert ab, bis er schließlich mit hängenden Schultern, ganz geknickt, von dannen zieht.

Vom Schmerzbild zum Schmunzelbild

Der Mann, der Christine so verletzt hat, ist in ihrem Unterbewusstsein noch immer als begehrenswert gespeichert und wird noch immer glorifiziert. Erst durch dieses überzeichnete Bild wurde er vom Sockel geholt. Damit stieg Christines eigener Wert wieder.

So verwandelte sich das Schmerzbild in ein Schmunzelbild. Sie stellte sich mehrere Tage hintereinander dieses Bild vor. Und nach drei Wochen rief sie mich an und erzählte mir, dass sie nach sieben Jahren Schlafstörungen und Alpträumen endlich wieder durchschlafen konnte und einen schönen Traum hatte, der nichts mit diesem Mann zu tun hatte.

Gegen Stress, Angst und Depression

Dass der Mann schwach und ihrer nicht wert war, hatte sich Christine zwar zuvor auch selbst gesagt, nur gefühlt hatte sie es nicht. Darum tat es nach so langer Zeit noch so weh. Durch dieses Bild aber wurde der Schmerz aufgelöst – und Christine ging es wieder gut.

Wenn die Phantasie den anderen zum Riesen macht

Sind Sie als Mann in einer ähnlichen Situation, können Sie natürlich auch mit diesem Bild arbeiten. Wenn Wut, Hass oder Selbstzweifel Sie nicht zur Ruhe kommen lassen, stellen Sie sich die Dame doch ebenfalls als Comicfigur in einem Kreis von Männern vor, wie sie aufgeputzt, um Bewunderung heischend, jeden Mann am Ärmel zupft. Geziert dreht sie sich, sieht mit großem, naivem Augenaufschlag jeden Mann an und fragt ihn, ob er sie haben will. Belustigt oder genervt wird sie von allen Männern abgelehnt und verlässt daraufhin blamiert die Szene.

Solche bildhaften, humorvollen Szenen entthronen die Angebeteten, die uns so verletzt haben.

Von einer Bekannten hörte ich eine vergleichbare Geschichte. Sie wurde ganz unerwartet von ihrem Mann wegen einer Jüngeren verlassen. Ein Jahr lang litt sie Höllenqualen, bis sie von Freunden hörte, dass sie diese Frau in einem Geschäft getroffen hätten, wo sie sich dem Personal gegenüber so unglaublich rücksichtslos und arrogant benommen hätte, dass alle, sobald sie aus dem Laden waren, kein gutes Haar an ihr gelassen hätten. Bei meiner Bekannten wirkte diese Erzählung der Freunde wie eine Entwertung der Rivalin. Und von diesem Tag an hörte ihr Leiden auf.

Was der Verstand zuvor nicht geschafft hat – nämlich Schmerzbilder abzubauen, die vermitteln: Du bist es nicht wert, geliebt zu werden –, schaffen diese Bilder über eine neue emotionale Bewertung. Sie können dann fühlen, wer diese Menschen wirklich sind, und damit hören die Wut und der Hass, die nur Sie selbst zerstören, auf – und Sie finden endlich wieder Ihre Hormonbalance.

Bevor Sie Ihre(n) »Ex« hassen …

Für die Trennung von einem Partner gilt dasselbe wie für die Trauer beim Tod eines geliebten Menschen: Auch in dieser Situation ist eine Phase des inneren Abschiednehmens wichtig, bevor die emotionalen Bilder umgewandelt werden können. Geschieht dies nicht, so besteht die Gefahr, dass Sie Ihrer/m »Ex« ein Leben lang in Vorwürfen oder Hass verbunden bleiben.

»In jeder Minute, die man mit Ärger verbringt, versäumt man sechzig glückliche Sekunden.«

William Sommerset Maugham

SO WERDEN SIE IHRES GLÜCKES SCHMIED

Übung 1: Mit Humor geht's leichter

Sind Sie von Ihrem Partner gekränkt oder gedemütigt worden, versuchen Sie es doch einmal mit folgender Übung:

➤ Stellen Sie sich einen wunderschönen Palmengarten mit warmen Quellen und einem Swimmingpool vor. Sie liegen in diesem Palmengarten mit dem Traumwesen Ihrer Wahl auf bequemen Liegestühlen, aufmerksames Personal verwöhnt Sie mit kühlen Drinks. Im Hintergrund hören Sie leise Musik und das Plätschern der Quellen …
Draußen, ausgesperrt aus dem Paradies, springt Ihr Ex-Partner aggressiv, mit hochrotem Kopf, wie Rumpelstilzchen herum. Sie sehen ihn aus der Ferne, sehen ihn sich genau an. Aus dieser Entfernung entbehrt seine Aggressivität nicht einer gewissen Komik. Ihr »Ex« kann Ihnen nichts mehr anhaben, er kann in Ihr Paradies nicht rein. Er verliert an Bedrohung, wirkt sogar lächerlich.

Sie können mit einem solchen Bild Ihre aufsteigenden negativen Gefühle schnell wieder abbauen, da Sie den Menschen, auf den Sie wütend sind oder den Sie sogar hassen, sofort anders bewerten. Und das hilft vor allem Ihnen selbst. Denn Wut und Hass richten sich immer nur gegen uns selbst, sie wirken extrem selbstzerstörerisch. Sie rauben sich damit nur Ihre eigene Energie.
Sie irren sich, wenn Sie glauben, mit Wut und Hass den anderen zu treffen, der Sie verletzt hat. Sie treffen nur sich selbst!

Lernen Sie, mit neuen emotionalen Bildern Wut und Hass in Souveränität und Gelassenheit umzuwandeln. Damit erreichen Sie viel mehr.

Übung 2: Schmerzbilder verändern

➤ Schreiben Sie Ihre vergangenen Liebeskummer-Schmerzbilder auf.
Hat ein Ereignis in Ihrem Leben das Schmerzbild verändert?
Hat die Zeit die Wunden geheilt?
Hat eine Erzählung, die Ihren Expartner entwertet hat, Ihr Schmerzbild verändert?

➤ Schreiben Sie Ihre aktuellen Schmerzbilder auf.
Versuchen Sie diese wie beschrieben oder mit Ihrer eigenen Erfolgsstrategie bei vergangenen Schmerzbildern zu ändern.

Gegen Stress, Angst und Depression

WUT UND HASS ABBAUEN

Die meisten Menschen haben dieses selbstzerstörerische Gefühl von Hass schon irgendwann einmal erlebt: Das Gefühl, innerlich zu kochen, das Herz rast, die Atmung ist flach mit kurzen, heftigen Atemzügen. Die ganze Körpermuskulatur und der Kiefer sind angespannt, die Zähne fest aufeinandergebissen (gefletscht!). Sie verspüren den starken Wunsch, auf den anderen einzuschlagen – und genau darauf sind Sie auch programmiert!

Einfach um sich schlagen ...

Eine extreme Stresshormon-Ausschüttung gelangt in jede Körperzelle, Adrenalin und Cortisol erreichen ihren Spitzenwert. Die körperliche Kraft nimmt dadurch um ein Vielfaches zu – eine ideale Voraussetzung für einen Kampf! Und genau das taten unsere Urahnen in solchen Situationen auch. Sie brauchten diese Strategie als Überlebensmechanismus, was ihnen aber nur nützte, solange sie die Stärkeren waren. Die natürliche Auslese eliminierte die Schwächeren.

Obwohl wir inzwischen gelernt haben (die meisten jedenfalls), nicht mehr auf den anderen einzuprügeln, hat sich an der Hormonausschüttung bei Wut und Hass rein gar nichts verändert. Das Problem ist nur, dass wir die Stresshormone eben nicht mehr loswerden, also rausprügeln, sondern sie in unserem Körper anstauen. Die Folgen kennen Sie: Das Immunsystem wird geschwächt, allerlei psychosomatische Beschwerden drohen oder Sie können nicht mehr schlafen.

Wenn Sie aus diesem Stress wieder heraus wollen, müssen Sie etwas tun, um Ihr hormonelles Chaos ins Lot zu bringen – nur was?

Übung: Geben Sie's ihm mal so richtig!

Ich empfehle Ihnen als Erstes: Machen Sie es unseren Vorfahren nach!

➤ Kämpfen Sie – spielerisch – und boxen Sie Ihre Wut oder Ihren Hass hinaus, in die Luft auf den imaginierten Aggressionsauslöser oder in ein großes Kissen. Ein Boxsack ist natürlich ideal, nur wird sich die Anschaffung kaum noch lohnen, denn Sie werden Wut und Hass bald abgebaut haben!

Suchen Sie sich eine passende Musik, die Ihre Aggressivität fördert, oder die, wie Filmmusik, Ihren Kampf dramaturgisch begleitet.

Wenn Sie wollen, stellen Sie sich vor, die gehasste Person stünde vor Ihnen, und Sie boxen und schreien auf sie ein. Beschimpfen Sie sie mit

---

In Amerika gibt es in manchen Betrieben »Aggressionsräume«: Wenn jemand Ärger mit dem Chef oder Kollegen hat, kann er dort an Gummiwänden und Boxsäcken seine Wut rauslassen. Das dient dem entspannteren Umgang im Team ebenso wie der Gesundheitsvorsorge.

SO WERDEN SIE IHRES GLÜCKES SCHMIED

Ausdrücken, die Ihnen gerade einfallen – diese Ausdrücke können ruhig Gassenjargon sein!
➤ Arbeiten Sie täglich ein paar Minuten mit diesem Bild und spielen Sie die Szene so lange durch, bis Sie deutlich spüren, wie der Hass nachlässt. Sie werden spüren, wie Sie wieder ruhiger werden, Ihr Herz wieder normal schlägt, die Verkrampfung sich auflöst und Ihre Wahrnehmung – auch der gehassten Person – sich positiv verändert.

Wenn Ihr Hass abgebaut und Ihre Hormonbalance wiederhergestellt ist, werden Sie stark, souverän und frei sein. Jetzt können Sie den anderen endgültig loslassen.

DAS SELBSTVERTRAUEN STÄRKEN

Sie kennen sicher auch diese beneidenswerten Menschen: Trotz Scheidung, Kündigung des Jobs, Pflegefall in der Familie oder Zusammenbruch der Baufinanzierung des so lange ersehnten Eigenheims verlieren sie nie den Mut, machen voller Power weiter – wo andere schon aus der Bahn geworfen werden, wenn der Chef sie nur schief ansieht.
Warum fällt es manchen Menschen so leicht, mit Stress und Problemen fertig zu werden? Ganz einfach: Weil diese Menschen ein tiefes Vertrauen zu sich selbst und in den Lauf ihres Lebens haben. Und das ist das beste Fundament für die Entwicklung der eigenen Identität.
Der israelische Medizinsoziologe Aaron Antonovsky stellte in wissenschaftlichen Studien fest, dass Menschen, die über ein gesundes Selbstvertrauen verfügen, besser schlafen, weniger krank und misstrauisch, dafür aber zufriedener und beliebter sind. Sie rauchen und trinken weniger und haben mit dem Essen weniger Probleme. Sie gehen mit Stress anders um, weil sie durch ihr unerschütterliches Vertrauen auch härteste Schicksalsschläge annehmen und anstehende Probleme lösen.
Kinder, die von ihren Eltern bedingungslos geliebt, ermutigt und gelobt werden, haben die besten Voraussetzungen für so ein starkes Selbstvertrauen.

Wer sich selbst vertraut, verliert nie den Mut.

»Superman« Christopher Reeve

Der ehemalige US-Schauspieler und »Superman«-Darsteller Christopher Reeve ist das beste Beispiel für einen Menschen mit großem Selbstvertrauen. Seit seinem Reitunfall vor einigen Jahren ist er bis zum Halswirbel querschnittgelähmt. Er kann nur noch seine Gesichtsmuskeln bewegen.

Gegen Stress, Angst und Depression

Eine Lungenmaschine atmet für ihn, ein elektronischer Rollstuhl bewegt ihn. Er hätte verständlicherweise in tiefe Depressionen fallen und seiner Umwelt das Leben zur Hölle machen können. Er tat es nicht. Stattdessen gründete er die »Christopher Reeve Foundation« zur Unterstützung medizinischer Forschung, spielte in einem Hitchcock-Remake die Hauptrolle und führte Regie und hat eine bewegende Autobiographie geschrieben.
Die ganze Welt bewundert seine Tapferkeit, und er sagt dazu nur: »Mir ist etwas Schlimmes passiert, aber ich habe meine Familie, und ich bin immer noch ich.«

Wenn Sie nicht zu den Glücklichen gehören, die durch ein gesundes Selbstvertrauen leichter durchs Leben kommen, so ist das noch kein Grund zu verzweifeln. Sie werden mit dem Emotionalen Training schon in kurzer Zeit Ihr Leben viel positiver wahrnehmen, Ihr Selbstbild positiv verändern und alte Schmerzprogramme wie »Ich bin nicht liebenswert« durch neue Glaubenssätze wie »Ich bin liebenswert und ich liebe mich so, wie ich bin« ersetzen können.
Ich will Ihnen ein Beispiel dafür geben, wie ein neues emotionales Bild die Kraft wecken kann, sich aus ungewollten Zwängen zu befreien, sich selbst zu verwirklichen und mehr Selbstvertrauen zu entwickeln.

Fernsehmoderator: Die Hubschrauberperspektive

Ein bekannter Fernsehmoderator, der täglich mit einer beliebten Talkshow auf Sendung ist, kam zu mir. Sein Klientel in der Sendung sind Promis und solche, die es werden wollen. Durch seine Erziehung hatte er immer das Gefühl, seinen Gästen unterlegen zu sein. Anfänglich gelang es ihm noch, dies relativ gut zu kaschieren. Doch seine devote Haltung den Gästen gegenüber wurde immer verkrampfter und steigerte sich zu einer regelrechten Angst. Wir erarbeiteten deshalb ein Bild, das ihm – und inzwischen auch vielen anderen – half, bei aufkommenden Minderwertigkeitsgefühlen souverän zu reagieren.

Schwingen Sie sich auf zu neuen Perspektiven

Stellen Sie sich vor, Sie erheben sich plötzlich durch eine starke Kraft – wie ein Hubschrauber – in die Luft. Sie betrachten dann von dort oben das Szenario, in dem Sie gerade sind, ganz distanziert.
Sie sehen den Menschen, vor dem Sie Angst haben, und Sie sehen, dass er nur eine Rolle spielt, weil er selbst Angst hat. Er versucht zum Beispiel, aggressiv oder überheblich die Rolle des starken Mannes zu spielen, was er in Wirklichkeit nicht ist. Denn wer wirklich stark ist, ist nicht aggressiv

---

Viele Menschen leben mit negativen Glaubenssätzen wie »Ich bin nicht gut genug«, »Ich bin nicht liebenswert«, »Mir steht nicht mehr zu«. Wir haben sie in der Kindheit gelernt, und sie untergraben sehr wirkungsvoll unser Selbstbewusstsein. Lernen Sie, eine neue, unterstützende innere Stimme zu installieren!

SO WERDEN SIE IHRES GLÜCKES SCHMIED

oder überheblich – beides sind Zeichen von Hilflosigkeit und Schwäche. Alle Menschen sehen aus der Hubschrauberperspektive wie kleine Spielzeugfiguren aus und verlieren ihren Schrecken. Sie sehen von oben, dass jeder Mensch durch eine Schnur mit seinem Inneren Kind (Seite 98) verbunden ist. Jeder noch so starke Mann trägt in sich dieses kleine verletzte Kind, das der Erwachsene zwar zu verstecken versucht, das ihn aber letztlich in vielem dirigiert.

Sie können aus dieser Distanz die Schwächen Ihrer Mitmenschen durchschauen, können schmunzeln und souverän bleiben. Wenn Sie dann wieder landen, hat sich Ihr Gefühl dem anderen gegenüber verändert, und Sie fühlen sich stark.

Dem Moderator hat dieses Bild sehr geholfen. Er verlor seine Angst, und seine Sendungen wurden viel lockerer.

➤ Versuchen auch Sie, mit diesem Bild zu arbeiten, wenn Sie Ängste oder emotionalen Stress mit Ihren Mitmenschen haben – und zwar immer, wenn die Gefahr besteht, dass jemand Sie emotional aus dem Gleichgewicht bringt.

Wenn Sie merken, dass Ihre Wut, Angst oder Demütigung durch dieses Bild abgebaut wird, dann ist es das Richtige für Sie. Sie werden den Menschen, vor denen Sie Angst hatten, schon nach kurzer Zeit stark und selbstbewusst begegnen können. Sie werden spüren, wie jeder in Ihrem Umfeld Ihre Veränderung bemerkt. Sie sind dann *wirklich* stark und versuchen nicht mehr, die *Rolle* eines Starken zu spielen.

Übung: Fragen zum Selbstbewusstsein

➤ Überlegen Sie, wer Sie verunsichert oder verunsichern will.
Gibt es Menschen in Ihrem Umfeld, vor denen Sie Angst haben?
Haben Sie Angst, sich vor anderen Menschen zu blamieren?
Wenn ja, versuchen Sie mit dem Hubschrauberbild Ihre Angst abzubauen.

Wie reagieren Sie, wenn hinter Ihnen getuschelt wird?
Wie reagieren Sie auf konstruktive Kritik?
Wie reagieren Sie auf Kritik, die Ihre Person und Ihre Fehler betrifft?
Wie reagieren Sie auf gewollt unsachliche, verletzende Kritik?
Wie reagieren Sie, wenn Freunde Ihren Geburtstag vergessen haben oder Ihnen keinen Weihnachtsgruß schicken?
Wie reagieren Sie, wenn Ihnen ein Kompliment gemacht wird?

➤ Wenn Sie in diesen Situationen gestresst, gekränkt oder verunsichert reagieren, ist Ihr Selbstbewusstsein nicht sehr stark. Das Emotionale Training wird Ihnen helfen, mehr Souveränität zu finden.

Mein Tipp!

Wenn Sie sich jemandem gegenüber unsicher und klein fühlen, dann versuchen Sie, in ihm das verletzte Kind zu sehen. Um Ängste und Unsicherheiten zu überspielen, verhalten sich manche Menschen arrogant, abweisend, aggressiv. Lassen Sie sich davon nicht mehr einschüchtern, denn Sie wissen jetzt: Der andere versucht nur, sich selbst zu schützen.

Gegen Stress, Angst und Depression

Übung: Übernehmen Sie die Verantwortung!

Vielleicht fällt Ihnen spontan eine ganze Reihe von Personen ein, die Ihrem Glück im Wege stehen. Vielleicht geben Sie auch Ihren Eltern oder Lehrern die Schuld dafür, dass Sie heute nicht glücklich sein können? Oder sind es die gesellschaftlichen Bedingungen oder die politischen Umstände, die Ihr Glück verhindern?

➤ Schreiben Sie eine Liste von allen Personen und Bedingungen, die Ihrer Meinung nach an Ihrem Unglück schuld sind.

Hier einige Anregungen: Ist vielleicht Ihre Mutter schuld, weil sie Ihnen nicht genügend Liebe gegeben hat? Oder waren Sie ein unerwünschtes Kind? Was ist mit dem Lehrer, der Sie damals vor der ganzen Klasse blamiert hat? Wurden Sie gegenüber Ihren Geschwistern benachteiligt? Respektiert und liebt Ihr Partner Sie nicht genug? Schenkt Ihr Chef Ihnen nicht die gebührende Anerkennung? Können sich alle anderen mehr leisten als Sie? Macht es Sie unglücklich, wenn Sie überall die selbstbewussten und schönen jungen Menschen sehen, mit denen Sie nicht (mehr) mithalten können?

➤ Wenn Sie Ihre Liste geschrieben haben, wird Ihnen vermutlich klar, dass Sie immer jemanden finden werden, dem Sie die Schuld für Ihr Unglück zuschieben können – aber das ändert absolut nichts an Ihrem Zustand! Vielleicht finden Sie die Auflistung der Schuldigen jetzt lächerlich. Dann nehmen Sie doch die Liste und verbrennen oder zerreißen Sie sie! Machen Sie mit diesem Ritual deutlich, dass Sie von nun an bereit sind, die Verantwortung für Ihr Glück selbst zu übernehmen.

Selbstmitleid und Schuldzuweisung heißt, nicht die Verantwortung für sein Leben zu übernehmen.

VON LIEBE UND SELBSTLIEBE

Keine Triebfeder im Leben eines Menschen ist so stark wie der Wunsch nach Liebe und Anerkennung. Sie gehören zu den Urbedürfnissen eines jeden Menschen. Liebe lässt uns Flügel wachsen, und wenn wir keine Liebe mehr bekommen, so werden uns die Flügel wieder gestutzt. Wir fühlen uns krank, sind zu nichts mehr zu gebrauchen und sitzen wie ein paralysiertes Kaninchen stundenlang in der Wohnung und starren Löcher in die Wand.

Ohne Liebe gehen wir zugrunde

Besonders grausam endete ein Versuch zu Zeiten Friedrichs des Großen: Ein gesunder Säugling bekam pünktlich die Flasche und wur-

de regelmäßig gewickelt. Ansonsten bekam er nichts. Keiner sprach mit ihm, keiner schenkte ihm auch nur die geringste Zuwendung, geschweige denn Zärtlichkeit. Man überließ den armen, kleinen Wurm ohne menschliche Wärme seinem Schicksal. Nach sechs Wochen starb der Säugling.

Ohne Liebe sind wir nicht lebensfähig. Wir brauchen zum Leben Anerkennung und Liebe wie die Luft zum Atmen. Als Kinder sind wir darauf angewiesen, von unserer Umwelt Liebe und Zuwendung zu bekommen. Wenn wir erwachsen sind, ist es wichtig, dass wir gelernt haben, uns selbst zu lieben. Denn wer sich selbst nicht liebt, kann auch andere nicht lieben und Liebe nur schwer annehmen.

Je weniger Selbstbewusstsein wir haben, desto häufiger werden wir um Anerkennung und Liebe buhlen, desto mehr Liebesbeweise brauchen wir. Eifersucht, Misstrauen, Verlustangst und Schlafstörungen sind die logischen Folgen.

Dadurch setzen wir uns, aber auch unser Umfeld, permanent unter Druck. Viele Beziehungen gehen aus diesem Grund in die Brüche, weil die Gier nach Anerkennung und die Überempfindlichkeit des Partners oft unerträglich sind. Jedes unachtsame Wort, jede Unaufmerksamkeit bezieht ein Mensch, der sich nicht liebt, auf sich selbst, ist gekränkt und immer wieder davon überzeugt: Niemand liebt mich, weil ich es nicht wert bin, weil ich nicht so aussehe wie diese Traummenschen, die mir von den Hochglanzmagazinen oder aus dem Fernseher entgegenblicken.

»Wer einmal sich selbst gefunden hat, der kann nichts mehr auf dieser Welt verlieren.«

Stefan Zweig

Gegen Stress, Angst und Depression

Die wichtigste Liebe im Leben ist die Liebe zu sich selbst. Und nur wer sich selbst liebt, kann auch andere lieben. In der Bibel steht: »Du sollst deinen Nächsten lieben *wie* dich selbst« (Matthäus 19,19) – nicht *mehr als* dich selbst!

Befreien Sie sich von Klischees

Die von Werbeleuten ausgeklügelte Strategie geht meist auf: *Nur wer jung, schlank und erfolgreich ist, hat das Recht, glücklich zu sein und geliebt zu werden.* Damit verkaufen sich all jene Produkte (und das sind fast alle), die versprechen: *Wenn du mich kaufst, wirst du begehrt und geliebt.* Egal, ob es sich dabei um ein Auto, einen Lippenstift oder Halbfett-Margarine handelt: Unser Unterbewusstsein ist für die Botschaft extrem empfänglich. Aber es liegt an Ihnen, aus diesem Psychoterror auszusteigen!

Gehen Sie doch mal durch eine Fußgängerzone und verschaffen Sie sich ein realistisches Bild von Ihren Mitmenschen. Wie viele Frauen begegnen Ihnen, die wie Models aussehen? Wie viele perfekt gestylte Männer laufen Ihnen über den Weg? Es ist nur eine verschwindend geringe Minderheit, die in das Schönheitsklischee unserer Zeit passt.

Die große Mehrheit der Menschen, die sich hier durch die Straßen drängelt, hat Falten im Gesicht, Gewichtsprobleme, kommt nicht gerade aus dem Haarstudio und trägt Kleidung, die schon mehrere Jahre überdauert hat. Es sind eben ganz normale Menschen, keine Kunstobjekte, die ein Schönheitschirurg geschaffen hat.

Sollen denn all diese normalen Menschen kein Recht auf Liebe und Anerkennung haben?

Lernen Sie, sich selbst zu lieben

Überlegen Sie sich doch einmal, welche Menschen Sie wirklich faszinieren. Sind es die Schönen oder sind es die mit einer besonderen Ausstrahlung? Sind es nicht auch Menschen, die trotz (oder wegen) ihrer geringen Körpergröße, ihrer Falten im Gesicht und ihres Übergewichts eine positive, außergewöhnliche Ausstrahlung haben?

Menschen, die uns beeindrucken und faszinieren, haben Selbstvertrauen und Selbstbewusstsein. Sie glauben an sich und ihre Fähigkeiten. Sie haben Erfolg und gehen tolerant und liebevoll mit sich und anderen um. Sie heben sich nicht wegen ihres Äußeren aus der Masse heraus, sondern weil sie klare eigene Vorstellungen haben und *Nein* sagen, wenn sie *Nein* meinen; weil sie den Mut haben, sie selbst zu sein und keine Rolle spielen; weil sie Emotionen leben und sie nicht unterdrücken. Diese Menschen lieben sich selbst und werden geliebt.

Mit Selbstliebe ist keine oberflächliche, narzisstische Liebe gemeint, sondern eine reine, wahre Liebe zum eigenen Ich – ohne Einschränkungen wie: Wenn ich zehn Kilo abgenommen habe oder teure Kleidung trage und mich mit Luxusgütern umgebe, finde ich mich lie-

SO WERDEN SIE IHRES GLÜCKES SCHMIED

benswert. Nein, egal ob Sie Übergewicht haben, in den Wechseljahren sind oder gerade arbeitslos, es gibt keinen Grund dafür, dass Sie sich selbst nicht lieben!

Die Liebe zu sich selbst macht Sie frei und unabhängig, niemand kann sie Ihnen nehmen. Sie schenkt Ihnen Souveränität und inneren Frieden – und macht Sie zudem anziehend für andere Menschen.

> Sie gibt es nur einmal auf dieser Welt. Versuchen Sie nicht, eine Rolle zu spielen – dann wären Sie austauschbar. Sie müssen nur Sie selbst sein.

Marlies: Die Liebe wiederfinden

Marlies und ihre Schwester waren sich eigentlich sehr ähnlich. Die eine war eine bekannte, schlanke und hübsche Schauspielerin. Ihre Schwester Marlies hatte das gleiche Gesicht, die gleiche Stimme und die gleichen Bewegungen – nur wog sie genau das Doppelte, hatte Depressionen, Schlafstörungen und war ständig krank.

Marlies war schon als Kind pummelig. Wenn ihre Schwester eine ganze Tafel Schokolade bekam, erhielt sie selbst nur einen Riegel – mit der Auflage, erst zehn Minuten Seil zu springen oder im Sommer zehn Runden zu schwimmen. Manchmal bekam auch nur die Schwester Schokolade und Marlies, das Pummelchen, eine Karotte als Mahnung.

Die schlanke Schwester wurde ständig gelobt und ihr hübsches Äußeres, auch vor anderen, hervorgehoben. Marlies litt schon als Kind Höllenqualen. Sie versuchte, über gute Leistungen in der Schule Liebe und Anerkennung zu bekommen – und wurde immer wieder enttäuscht. Sie reagierte zunehmend empfindlich auf die Kritik ihrer Mutter und wurde immer dicker, weil ihr einziger Trost das Essen war.

Im Schatten der Schwester

Die schöne, schlanke Schwester dagegen stand immer im Mittelpunkt, egal ob zu Hause, in der Schule oder bei den Jungen während der Pubertät. Später stand sie als bekannte Schauspielerin wieder im Rampenlicht.

Marlies konnte machen, was sie wollte. Neben der Schwester blieb, nach ihrer subjektiven Bewertung, alles unbeachtet. Schließlich gab sie sich auf, brach ihr Studium ab und zog sich völlig zurück.

Ihre Schwester schenkte ihr dann ein Seminar bei mir, das »Mentale Schlankheitstraining«, wo sie lernte, ihr falsches Essverhalten über Emotionen zu verändern und ihre Suchtprogramme für immer zu löschen. Sie begann hier aber auch, die eigentliche Ursache für ihr Leiden zu bearbeiten: das Verhältnis zur jüngeren Schwester, das an sie gekoppelte Gefühl, nicht mehr geliebt zu werden, minderwertig zu sein und die Voraussetzungen, um geliebt zu werden (zu sein wie die Schwester), nicht erfüllen zu können.

Gegen Stress, Angst und Depression

»Wenn du an dir
nicht Freude hast,
die Welt wird
dir nicht Freude
machen.«

Paul Heyse

Affirmationen als erster Schritt

Zunächst arbeitete ich mit Marlies an Affirmationen. Die Affirmation »Ich liebe mich so, wie ich bin« löste bei ihr erwartungsgemäß emotionale Ablehnung aus. Sie schilderte das Gefühl wie einen Blitz, der ihr durch den Bauch fahre. Sie hörte dabei eine innere Stimme, die sie auslachte und hämisch und süffisant bemerkte: »Was, diesen Fettkloß willst du lieben?« Dabei sah Marlies ihren dicken Körper, angefangen von den Krampfadern bis zu den Gewebsrissen auf dem Bauch – alles gnadenlos negativ überzeichnet.

Bei der Formulierung »Von heute an lerne ich, mich anzunehmen« fühlte sich Marlies dagegen wohl und entspannt. Diese Abschwächung war für sie glaubhaft, und so auch für ihr Unterbewusstsein. Denn der Satz enthält noch nicht das Wort lieben, und der Zeitpunkt, wann es so weit sein wird, ist offen. Also empfahl ich ihr, mit dieser Affirmation so lange zu arbeiten, bis sie merke, dass sie einen Schritt weiter gehen könne, um die nächste Steigerung anzuwenden: »Ich nehme mich so an, wie ich bin.« Hier fällt der offene Zeitpunkt weg, das Wort lieben ist aber noch immer nicht enthalten. Das Ziel ist dann erreicht, wenn die Affirmation »Ich liebe mich so, wie ich bin« mit Wohlbehagen gesprochen werden kann. Das dauerte bei Marlies drei Monate.

Zuwendung für das traurige innere Kind

Ich erarbeitete mit Marlies dann mehrere emotionale Bilder, die ihr auf den Weg halfen, sich selbst zu lieben. Dazu sollte sie sich innerlich als Kind in den Arm nehmen, sich streicheln und zu sich sprechen. Marlies hatte anfangs Schwierigkeiten damit, sich in den Arm zu nehmen, da sie sich, wie sie wörtlich sagte, schon als Kind »abstoßend« fand. Sie sah sich als pummelige, ausgegrenzte Achtjährige, und es war ihr unmöglich, sich so in den Arm zu nehmen.– Ich fragte Marlies, ob sie sich denn vorstellen könne, sich als Dreijährige in den Arm zu nehmen. Da stiegen ihr sofort Tränen in die Augen, weil sie zu diesem Kind eine starke Liebe empfand. Sie sah in diesem Alter genauso aus wie ihre Schwester: zierlich, blauäugig mit blonden Locken. Zu dieser Zeit kam ihre Schwester auf die Welt. Marlies fühlte sich von da an zurückgesetzt und nicht mehr geliebt. Ihr Ersatz für Liebe wurde das Essen, sie wurde immer pummeliger, und das Gefühl, nicht geliebt zu werden, wurde immer stärker. Denn sie glaubte, ihre Mutter liebte sie nur, wenn sie schlank sei.

Marlies sprach nun jeden Tag innerlich mit dem dreijährigen kleinen Mädchen, das sie einmal war. Sie tröstete das Kind, wenn es weinte, streichelte es und nahm es in den Arm. Sie erklärte der Kleinen, dass ihre Mut-

SO WERDEN SIE IHRES GLÜCKES SCHMIED

Übung: Das innere Kind in den Arm nehmen

➤ Nehmen Sie ein Kinderfoto von sich und versuchen Sie mit geschlossenen Augen, sich selbst als Kind in den Arm zu nehmen. Wenn es, wie zuerst bei Marlies, nicht funktioniert, nehmen Sie ein Foto, auf dem Sie noch jünger sind.

ter sie genauso liebe wie die kleine Schwester. Und jeden Tag sagte die große Marlies der kleinen Marlies, wie sehr sie die Kleine liebe.
Nach drei Monaten konnte auch die große Marlies glauben, dass sie liebenswert sei. Sie fühlte sich zufrieden und glücklich, wenn sie die Affirmation sprach: »Ich liebe mich so, wie ich bin.« Sie hatte ihr inneres Bild, das sie ihr Leben lang gequält hatte, zurechtgerückt. Das kleine Kind in ihr fühlte sich jetzt geliebt. In Marlies entstanden ein innerer Frieden und eine Lebensfreude, die sie zuvor nie gekannt hatte.

Das emotionale Bild von der Mutter verändern

Problematisch war für Marlies nicht nur das Verhältnis zu ihrer Schwester, sondern auch zu ihrer Mutter. Deshalb analysierten wir zuerst einmal die Erlebnisse aus ihrer Kindheit.
Die Mutter war selbst einmal dick und deshalb sehr unglücklich. Dieses Leid wollte sie ihrer Tochter ersparen und versuchte, ihr nach bestem Wissen dabei zu helfen. Sie erreichte allerdings genau das Gegenteil.
Marlies sollte sich nun folgende Situationen vorstellen: Ihre Mutter wird als dicker Teenager von ihren Schulkameraden gehänselt oder – das erzählte die Mutter einmal selbst – ihre Mutter geht als 18-jährige mit ihrem ersten Freund in eine Eisdiele und isst einen großen Eisbecher, woraufhin fremde Leute am Nachbartisch laut vernehmlich äußern, wenn sie so fett wären, würden sie nicht noch solche Eisportionen verdrücken.
Marlies sollte bei diesen Szenen fühlen, was ihre Mutter damals gefühlt hatte. Das fiel ihr nicht schwer, da es die gleichen verletzenden Gefühle waren, die sie selbst oft genug erlebt hatte.
Anschließend sollte sie die Gefühle der Mutter ihr gegenüber erleben, als sie noch ein Baby und Kleinkind war. Sie spürte eine starke Liebe.
Danach sollte Marlies versuchen, das emotionale Erleben ihrer Mutter nach der Geburt der Schwester zu erleben: mit zwei Kleinkindern, Haushalt und der Führung eines kleinen Elektroladens. Der Vater konnte die Mutter nicht unterstützen, da er wesentlich älter, oft krank und nicht belastungsfähig war. Marlies spürte, wie überlastet ihre Mutter war. Sie erlebte emotional nach, was ihre Mutter damals fühlte.

> **In Ihrem Unterbewusstsein programmierte Ängste können Sie nicht über den Verstand löschen. Denn diese sind über negative Emotionen entstanden, und nur positive Emotionen in Verbindung mit der gleichen Situation lösen das Angstprogramm wieder auf.**

99

Gegen Stress, Angst und Depression

> Inneren Frieden finden heißt anderen zu vergeben. Vergeben heißt die Vergangenheit loszulassen.

Sie sah sich als Kleinkind nach der Geburt ihrer Schwester, wie sie mit aller Gewalt versuchte, die Aufmerksamkeit der Mutter auf sich zu ziehen. Sie sah sich wieder, als sie einen ganzen Cremetopf auf dem Teppich verschmierte und darauf Blumenerde kippte, oder als sie von der Lieblingsjacke der Mutter den Ärmel abschnitt, um ihr zu verdeutlichen: Sieh her, ich bin auch noch da. Doch die Mutter verstand diesen Hilfeschrei nicht. Die Schwester hingegen war ein Muster-Baby: immer zufrieden, lächelnd und pflegeleicht.

Marlies fühlte in der Rolle ihrer Mutter, dass diese schon von ihrer eigenen Erziehung her gar nicht in der Lage war, die Gefühle ihrer Tochter richtig zu deuten und entsprechend zu reagieren. Die Mutter wuchs mit sechs Geschwistern in ärmlichen Verhältnissen auf, ohne Zärtlichkeit von ihren Eltern zu bekommen.

Marlies spürte, dass die Mühen der Mutter mit den Diäten oder den anderen Versuchen, die Tochter im Essen zu disziplinieren, sie nicht quälen sollten. Vielmehr waren sie Ausdruck von Liebe, um Marlies das Leid zu ersparen, das sie selbst in jungen Jahren erlitten hatte.

Über dieses Rollenspiel, in dem sie sich in die Mutter hineinfühlte, konnte Marlies endlich emotional begreifen, dass ihre Mutter sie immer geliebt hatte, nur eben auf die Art, die ihr möglich war. Dadurch kam Marlies an ihre lebenslang schmerzenden Programme heran (»Du bist nicht liebenswert«) und konnte sie in nur drei Monaten umprogrammieren in: »Ich bin liebenswert und ich liebe mich so, wie ich bin.«

Aussöhnung mit der Schwester

Marlies durchlebte auch die Rolle ihrer Schwester und fühlte, dass diese nichts für ihr Unglück konnte. Ihr wurde deutlich, dass sie umgekehrt auch nicht nur aus Liebe zur Schwester zugenommen oder schlechte Noten geschrieben hätte. Ebensowenig hätte sie auf ihre erste große Liebe verzichtet, nur um der eifersüchtigen Schwester nicht wehzutun.

Am Ende des Seminars war Marlies kaum wiederzuerkennen. Sie strahlte vor Glück, weil eine Riesenlast von ihr genommen war. Sie hatte ihren Weg erkannt und angenommen, hatte so viele Glückshormone produziert, dass von ihren Depressionen keine Spur mehr da war.

Am gleichen Abend noch traf sie ihre Schwester. Beide fielen sich glücklich in die Arme und redeten die ganze Nacht hindurch.

Von da an konnte Marlies auch wieder schlafen, weil durch die neuen emotionalen Berwertungen die Hormonbalance wiederhergestellt war.

Nach einem Jahr hatte sie ohne Diät 29 Kilo abgenommen, ihr Studium wieder aufgenommen und hochmotiviert ihr Leben umgekrempelt.

WERDEN SIE AKTIV!

Ab heute nehmen Sie Ihr Leben selbst in die Hand. Denn das Glück liegt nur in Ihnen. Kein anderer kann Sie glücklich machen – wohl aber Sie selbst. Und darin liegt Ihre große Chance!

Wenn Sie das Emotionale Training konsequent machen, wird es Ihnen schnell leichter fallen, aktiv zu werden und Ihr Leben zu verändern. Nur *was* tun, werden Sie fragen. Die Antwort hängt natürlich von Ihren persönlichen Vorlieben und Neigungen ab – wichtig ist nur, *dass* Sie etwas unternehmen, sich mit etwas beschäftigen, das Ihnen Ausgleich zum Alltag bringt, Ihnen Spaß macht, das eben bei Ihnen Glückshormone auslöst.

Erster Schritt: die Hitliste

➤ Nehmen Sie eine Tageszeitung, ein Städteprogramm, ein Volkshochschulverzeichnis und kreuzen Sie alles an, was für Sie interessant sein könnte: Kino oder Theater, Ausstellungen, Sportangebote, Meditation ... Und dann machen Sie eine Liste mit allen Aktivitäten, die Ihnen Freude bereiten.

»Der Pessimist beklagt noch Ungereimtheiten von gestern, während der Optimist auf Entdeckungsreise in ein phantastisches Morgen geht.«

Robert Bergmann

Gegen Stress, Angst und Depression

Kinobesuch
Theaterbesuch
Konzertbesuch (Rock oder Klassik)
Ausstellungs- und Museumsbesuch
Spazierengehen oder Wandern in einer Gruppe
Musizieren
Tanzen
Sport treiben im Verein (welchen Sport konkret?)
An organisierten Tagesausflügen teilnehmen
In eine Meditationsgruppe gehen
Entspannungstraining
……

➤ Unternehmen Sie ein- bis zweimal pro Woche etwas außer Haus. Lassen Sie sich dazu von Ihrer persönlichen »Hitliste« inspirieren. Und wenn Sie doch zu Hause hocken bleiben, dann coachen Sie sich:

Zweiter Schritt: die Motivation

➤ Beantworten Sie zunächst folgende Fragen schriftlich:

Was möchten Sie in Ihrer Freizeit, bei Ihren Aktivitäten erleben? Möchten Sie neue Menschen kennen lernen? In der Natur sein? Sich bewegen? Entspannen oder eher auspowern?
Welche Ängste hindern Sie daran, sich diese Wünsche zu erfüllen?

➤ Versuchen Sie dann, Ihre Wünsche und Ziele genau zu visualisieren (Seite 41). Welche Gefühle löst das aus? – Ist das Gefühl angenehm, formulieren Sie eine motivierende Affirmation, die Sie Ihr Ziel verfolgen lässt.

Ein Beispiel: Wenn Sie sich einsam fühlen und sich wünschen, am Leben wieder stärker teilzunehmen, dann analysieren Sie zunächst, was Sie konkret wollen: in einer Gruppe Sport machen, die Volkshochschule besuchen, mit einer Reisegruppe eine Reise machen …

Wenn Sie Ihr konkretes Ziel vor Ihrem inneren Auge sehen können, dann versuchen Sie, Affirmationen zu formulieren, die Sie positiv spüren, zum Beispiel: »Von heute an nutze ich jeden Tag und lebe!« und »Ich fühle mich glücklich, wenn ich Gymnastik in der Gruppe mache.«

Versuchen Sie dabei, das Bild genau zu sehen. Sehen Sie sich fröhlich, lachend, mit anderen Menschen in einem Fitnesscenter oder einem Sportverein Gymnastik machen? Spüren Sie, wie leicht Ihnen die Übungen fallen, was für ein lustvolles Gefühl es ist, Ihren Körper rhythmisch nach einer Musik zu bewegen? Sie werden bald Lust verspüren, sich zu einem Kurs anzumelden.

Erleben Sie Ihre Ziele in der Vorstellung mit starken Emotionen. Dann wird es Ihnen ein Bedürfnis sein, Ihre Träume in die Realität umzusetzen.

WERDEN SIE AKTIV!

BEWEGUNG MACHT GLÜCKLICH!

Sport ist gut für Körper, Geist und Seele. Das wissen Sie vermutlich längst – und trotzdem können Sie sich nicht aufraffen? Denken Sie bei »Sport« unwillkürlich an Ihre Schulzeit, als Sie vielleicht in stinkenden Turnhallen über steife, hohe Lederböcke springen mussten, sich ungelenk auf einem Holzbarren abquälten oder auf Jugendsportfesten bei Gluthitze in der prallen Sommersonne nach dem 500-Meter-Lauf fast zusammenbrachen?

Aber diese Zeiten liegen längst hinter Ihnen. Heute können Sie auch in Sachen Sport selbst entscheiden, was und wie Sie ihn betreiben wollen. Nur verzichten sollten Sie nicht darauf, denn Bewegung bringt Spaß und ist die ideale Ergänzung zum Emotionalen Training.

In wissenschaftlichen Studien konnte nachgewiesen werden, dass sich durch Bewegung und Sport die Biochemie des Körpers verändert. Serotonin, Endorphine und Testosterone werden ausgeschüttet. Sie hellen die Psyche auf, erzeugen Glücksgefühle und steigern die Lust auf Sex.

Sport ist nicht Mord, sondern pure Lebendigkeit!

Sport stärkt das Immunsystem

Sport macht kreativ, schafft Klarheit im Kopf und weckt die Lebensgeister. Professor Gerhard Uhlenbruck, Immunologe und Sportmediziner an der Universität Köln, belegt in seinen Forschungsarbeiten, dass durch Körpertraining die Killerzellen des Immunsystems aktiviert werden, die wiederum Krankheitserreger attackieren und unschädlich machen – von der Grippe bis zum Krebs. Auch andere Studien zeigen, dass regelmäßige Bewegung das Risiko vermindert, an Krebs zu erkranken.

Schließlich haben wir noch immer die gleiche genetische Ausstattung wie unsere steinzeitlichen Vorfahren, die auf Bewegung programmiert waren, weil die tägliche Nahrungssuche, die Flucht vor wilden Tieren oder der Kampf gegen Feinde nur mit einem trainierten und beweglichen Körper zu leisten waren. Das ist natürliche Auslese: Nur die Starken überlebten.

Unsere über 200 Knochen, 500 Muskeln und alle Organe brauchen wie ein Motor jeden Tag Sprit, in Form von Sauerstoff, Hormonen und Nährstoffen, die sie sich aus der Bewegung und aus der Nahrung holen. Ein Körper, der sich nicht bewegt, rostet, er wird schlaff, alt und krank.

Sie müssen jetzt aber keinen Schreck bekommen und sich umgehend, natürlich entsprechend gestylt, im nächsten Fitnesscenter anmelden.

Gegen Stress, Angst und Depression

Auch beim nächsten Stadt-Marathon dürfen Sie getrost fehlen – es sei denn, die Vorstellung, dort mitzulaufen, macht Sie glücklich.
Sport soll schließlich Spaß machen. Wenn Sie noch keinen Sport betreiben, dann programmieren Sie doch den Sport, mit dem Sie anfangen wollen, mit positiven Bildern in Ihrem Unterbewusstsein.

Motivierende Bilder helfen

Für einen untrainierten Anfänger ist die Vorstellung, 30 Minuten verschwitzt, nach Luft ringend und mit hochrotem Kopf zu joggen, sicher nicht positiv. Dieses Bild ist wenig motivierend, wenn Sie mit dem Laufen anfangen wollen. Ich kann mich noch gut daran erinnern, dass vor etwa 20 Jahren mein Partner plötzlich meinte, wir müssten jetzt laufen. Ich war damals völlig untrainiert und brach dementsprechend nach etwa 10 Minuten mit Seitenstechen und einem hochroten Kopf zusammen. Auch die niederschmetternden Bemerkungen meines Partners konnten mich nicht motivieren, weiterzulaufen.

Erst vor zwei Jahren fing ich wieder an zu laufen, anfangs ganz langsam. Ich begann mit schnellem Gehen, neudeutsch »Power-Walking«, bei einem Puls von 130 bis 140. Morgens, gleich nach dem Aufstehen, 30 Minuten lang.

Die Erkenntnis, dass das Gehirn durch das Laufen wieder mehr Sauerstoff bekommt und das Denken, die Konzentration und die Merkfähigkeit deutlich gesteigert werden, war für mich die entscheidende Motivation, um mit dem Laufen anzufangen. Heute ist aus dem Gehen ein sanftes Joggen, ebenfalls bei 130 Pulsfrequenz, geworden.

Ich liebe es, gleich nach dem Aufstehen raus in den Wald zu laufen. Ich liebe es, morgens Vogelgezwitscher zu hören, die Sonne zu begrüßen und mich eins zu fühlen mit der Natur. In der Früh beim Laufen kommen mir die besten Ideen.

Laufen ist für mich wie eine Meditation. Ich liebe es, Gerüche, Licht, Natur und meinen Körper intensiv und bewusst wahrzunehmen. Wenn ich mal zwei Tage nicht zum Laufen komme, fehlt mir etwas.

Versuchen Sie es einfach!

Wenn Sie noch nicht laufen, sollten Sie es einfach mal ausprobieren.
➤ Kaufen Sie sich in einem guten Sportgeschäft Laufschuhe, die speziell für das »Power-Walking« entwickelt wurden.
➤ Der Vorteil beim Power-Walking: Der Puls schnellt nicht in die Höhe, was ungünstig wäre. Der optimale Puls bei ausdauernder Bewegung liegt bei einer Frequenz zwischen 130 und 140. Bei dieser Fre-

---

Bewegung zaubert gute Laune! Wenn Sie zum Beispiel joggen, werden alle Muskeln trainiert, Sie tanken Sauerstoff, produzieren Glückshormone, können besser schlafen – und das alles unentgeltlich ...

quenz verbrennt Ihr Körper Fett und nicht, wie bei einer höheren Pulsfrequenz, Zucker (Buchtipp Seite 138).
➤ Nehmen Sie Freund oder Freundin mit, dann macht es noch mehr Spaß.

Gruppensport für Gesellige

Wer sich einsam fühlt, sollte Sport in einer Gruppe machen – egal ob Gymnastik, Tanzen, Tennis oder etwas im Fitnessstudio. Denn in einer Gruppe werden Sie Bewegung in Verbindung mit Spaß, Kontakten und Kommunikation finden.

Viele, die gerne Kontakte hätten, trauen sich nicht in ein Fitnesscenter, weil sie der Meinung sind, nur junge, schlanke Gazellen und Männer mit Superbodys würden hier ein- und ausgehen. Das ist aber falsch. Sport und Bewegung haben heute einen ganz anderen Stellenwert als noch vor 10 Jahren. Die positive Wirkung auf Gesundheit, Psyche und Figur hat sich längst herumgesprochen. Und so gibt es für alle Alters- und Leistungsgruppen das richtige Angebot.

➤ Wenn Sie Hemmungen haben, weil Sie übergewichtig oder keine Zwanzig mehr sind, so gibt es sicher auch in Ihrer Nähe Fitnesscenter mit speziellen Angeboten für Frauen, für ältere oder übergewichtige Kunden oder auch mit Bewegungsgruppen für Herz-Kreislauf-Patienten. Volkshochschulen bieten solche Kurse in der Regel an. Und erkundigen Sie sich auch in Ihrem Gemeindezentrum nach einer Sportgruppe, die Ihren Bedürfnissen entspricht.

Die Sport- und Bewegungsangebote sind heute so groß wie nie zuvor. Egal, was Sie machen, wichtig ist nur, *dass* Sie etwas machen, sich bewegen und Spaß dabei haben.

Sport gehört dazu

Sport ist die ideale Ergänzung zum Emotionalen Training. Er baut zusätzlich Stress ab, er kann ein Mittel gegen Einsamkeit sein, er sorgt dafür, dass noch mehr Glückshormone ausgeschüttet werden – und er hilft Ihnen dabei, wieder tief und fest zu schlafen.

»*Wer sein Ziel kennt, findet den Weg.*«

Laotse

KAPITEL IV

Endlich wieder schlafen!

Vermutlich schlafen Sie schon viel besser – einfach, weil Sie das Emotionale Training, vor allem die Energy-Harmonys machen!? Wenn Sie aber noch mehr tun wollen für eine gute Nacht, dann sollten Sie sich von den »Traumbildern« in den Schlaf wiegen lassen. Und zudem alles ausräumen, was Ihre Ruhe stören könnte. Dann werden Sie endlich wieder selig schlafen und erholt erwachen – am Morgen eines neuen, glücklichen Tages.

Endlich wieder schlafen!

ALLES SCHLÄFT, EINSAM WACHT ...

Ob Sie nun schlecht einschlafen, mitten in der Nacht aufwachen oder viel zu früh kein Auge mehr zutun können, ob Sie morgens immer wie gerädert sind – all diese Varianten der Schlafstörung haben dieselbe innere Ursache: innere Unruhe, Stress, Ängste ... Auch in der Nacht sind es Stresshormone, die Sie wecken.

»Der Schlaf ist für den ganzen Menschen, was das Aufziehen für die Uhr.«

Arthur Schopenhauer

Es ist zwei Uhr morgens, Sie liegen bereits seit zwei Stunden schlaflos im Bett, haben unzählige Schäfchen gezählt, warme Milch mit Honig getrunken, versucht, mit Autogenem Training Ihren Körper warm und schwer wie Blei in die Kissen sinken zu lassen ... Und trotzdem liegen Sie hellwach, entnervt, mit bis zum Hals klopfendem Herzen im Bett und zählen die Stunden, die Ihnen noch bis zum Aufstehen bleiben – obwohl Sie vor dem Zubettgehen vor Müdigkeit kaum noch die Augen aufhalten konnten: Kaum liegen Sie im Bett, sind Sie wieder wach. Und wenn der Wecker morgens erbarmungslos klingelt, fühlen Sie sich wie gerädert.
Da Sie dieses Buch lesen, nehme ich an, dass auch Sie schon unzählige Schäfchen gezählt haben – ohne Erfolg.
Jeder vierte Deutsche schläft schlecht. Jeder zehnte Deutsche hat so massive Schlafstörungen, dass er vom Arzt behandelt werden muss.

Der erste Schritt ist schon getan

Sie haben die wichtigste Voraussetzung schon erfüllt, wenn Sie mit dem Emotionalen Training, vor allem mit den »Energy-Harmonys«, Ihren Stress, Ihre Ängste und Depressionen abbauen, wenn Sie lernen, Vertrauen zu sich selbst und in Ihr Leben zu haben – und dadurch Ihre Hormonbalance wiederherstellen. Den meisten genügt das schon, um wieder tief und fest zu schlummern.
Wenn Sie trotzdem noch nicht schlafen können, werden Sie es mit dem Emotionalen Schlaftraining schaffen, das ich Ihnen in diesem Kapitel vorstelle. Außerdem erfahren Sie Wichtiges über den Schlaf und seine Bedeutung für unseren Körper, über Lang- und Kurzschläfer und über die zahlreichen äußeren Ursachen von Schlafstörungen. Diese zu beseitigen, ist eine zusätzliche Hilfe für erholsamen Schlaf.

ALLES SCHLÄFT, EINSAM WACHT ...

WIR BRAUCHEN UNSEREN SCHLAF

Wir verbringen rund ein Drittel unseres Lebens im Schlaf. Trotzdem wurde der Schlaf von der Wissenschaft lange Zeit weitgehend ignoriert. Erst 1929 begann der Neurologe und Psychiater Hans Berger mit der modernen Schlafforschung. Durch die Elektroenzephalographie (EEG), eine Messmethode für die kontinuierliche Aktivität des Gehirns, war es möglich, diese nachzuweisen, eben auch im Schlaf. So können im Schlaflabor die Funktionsabläufe im Gehirn mit dem EEG sichtbar gemacht werden.

Wenn ein gesunder, entspannter Mensch die Augen schließt, zeichnet das EEG Alphawellen auf. Sie sind höher und folgen langsamer aufeinander als die Betawellen, die unser Gehirn produziert, wenn wir hellwach sind. Beim Einschlafen werden die Gehirnwellen immer langsamer und höher, wir erreichen den Thetawellenbereich. Der Tiefschlaf schließlich befördert uns in den Deltawellenbereich. Wir sind nur noch für sehr starke äußere Reize empfänglich. Danach folgt ein neues Schlafstadium, die so genannte REM-Phase (Rapid Eye Movement). Das EEG zeigt, ähnlich wie in der Einschlafphase, wieder schnelle, flache Wellenbewegungen an. Unsere Augen bewegen sich ebenfalls rasch. Wir sind in einer Traumphase.

Die amerikanischen Forscher Kleitman und Aserinski entdeckten 1953, dass der Schlaf immer wiederkehrende, periodische Phasen oder Stadien durchläuft.

Ende der sechziger Jahre haben amerikanische Schlafforscher den Begriff *Schlafprofil* geprägt, der bis heute Gültigkeit hat. Die einzelnen Schlafstadien bekamen die folgenden Bezeichnungen – gesunde Erwachsene durchlaufen jede Nacht 4 bis 6 solcher Schlafzyklen:

Wachzustand ist Stadium W
Einschlafphase ist Stadium 1
Leichter Schlaf und echter Schlaf sind Stadium 2
Schlaf, der in Tiefschlaf übergeht, ist Stadium 3 und 4
REM- oder Traumschlaf ist Stadium 5

Warum schlafen wir eigentlich?

Trotz aller bisherigen Erkenntnisse haben Wissenschaftler und Schlafforscher noch keine gesicherten Forschungsergebnisse über den eigentlichen Sinn und Zweck des Schlafes ermittelt. Sie konnten lediglich Hypothesen aufstellen.

Müdigkeit wird hormonell über das autonome System gesteuert. Ziel ist es, dem Körper Erholung zu verschaffen und ihn so gesund zu erhalten.

Endlich wieder schlafen!

Aus der Stressforschung weiß man, dass Adrenalin und Cortisol, die als Wach- oder Stresshormone bekannt sind, morgens im Blut die höchste Konzentration aufweisen. Am späten Nachmittag nehmen sie ab, und am Abend verringert sich ihre Menge so weit, dass sie kaum noch nachweisbar sind. Der Körper ist jetzt auf Schlafen programmiert – wenn die Hormonproduktion im Lot ist. Andernfalls wird der Schlaf durch Stresshormone gestört.

● Die eine Hypothese geht davon aus, dass der Körper Selbstregulierungskräfte besitzt, die besonders nachts im Schlaf die Körperzellen wieder regenerieren und das Immunsystem stärken.

Das können Sie nach einer durchfeierten Nacht mit einem Blick in den Spiegel leicht nachvollziehen: Zumindest Ihr Gesicht sieht dann stark regenerierungsbedürftig und um zehn Jahre älter aus. Da hilft auch keine teure Creme oder Maske, da hilft nur eins: Schlaf.

Auch in Phasen, in denen der Körper in besonderem Maße seine Selbstheilungskräfte einsetzen muss, wie bei Fieber oder Infektionskrankheiten, ist das Krankheitsbild immer von einer schweren Müdigkeit begleitet. Denn im Schlaf kann der geschwächte Körper schneller wieder regeneriert und das Immunsystem aktiviert werden.

Auch Kinder in einer Wachstumsphase sind besonders häufig müde, da das schnelle Wachstum für den Körper eine extreme Belastung bedeutet. Durch den vermehrten Schlaf will sich der Körper so die notwendige Erholung und Regeneration holen.

● Die zweite Hypothese über Sinn und Zweck des Schlafens geht davon aus, dass ein biologischer Rhythmus das Schlafen bestimmt. Dieser ist von der Erdrotation und dem Wechsel von Hell und Dunkel abhängig und entspricht etwa einem 24-Stunden-Rhythmus.

Der natürliche Hell-Dunkel-Wechsel bestimmt aber längst nicht mehr unser Schlaf-Wach-Verhalten. Wir gehen heute nicht mehr wie unsere Vorfahren dann schlafen, wenn es dunkel wird, und stehen auch nicht mehr mit der Sonne morgens auf. Vielmehr machen wir durch elektrisches Licht, Fernsehen und Computer die Nacht zum Tag, was zur Folge hat, dass das natürliche Gleichgewicht und der biologische Schlafrhythmus aus dem Lot geraten.

Schlaf ist lebenswichtig

Nach dem momentanen Stand der Wissenschaft treffen beide Schlaf-Hypothesen zu. Einig sind sich die Forscher in jedem Fall darin, dass Schlaf überlebensnotwendig ist. Denn aus Tierversuchen hat man die Erkenntnis gewonnen, dass ohne Schlaf kein Leben möglich ist. So führten Versuche an Ratten, die man künstlich wach hielt, dazu, dass die Tiere nach 20 Tagen ohne Schlaf starben. Die Todesursache war ein hormonelles Chaos, verursacht durch Stresshormone, durch eine Entgleisung der Körpertemperatur und einen totalen Zusammenbruch der Immunabwehr.

Sie müssen jetzt keinen Schreck bekommen, wenn Sie bereits seit Wochen schlecht oder kaum schlafen. Ein totaler Schlafentzug kommt

beim Menschen normalerweise nicht vor. Der Körper holt sich zumindest das Minimum an Schlaf, das er zum Überleben braucht. Aber ein hormonelles Chaos, ähnlich wie bei den Versuchstieren, lässt sich auch in Ihrem Körper nachweisen, wenn Sie sich nachts mit Ängsten und Horrorszenarien herumquälen.

Wie Sie wissen, verursachen Wut, Angst, Demütigung, Trauer, Hoffnungslosigkeit und das Gefühl, ganz allein auf dieser Welt zu sein, weil niemand Sie liebt, eine massive Ausschüttung von Stresshormonen – die Ihr Herz rasen lassen, Ihren Brustkorb einschnüren, Wasser im Gewebe einlagern, bei Frauen frühzeitig die Wechseljahre einläuten und insgesamt Ihr Immunsystem schwächen.

Ist Schlafen Zeitverschwendung?

Die Zeit reicht den meisten Menschen in den Industrieländern nicht mehr aus, um Arbeit, Familie und Hobbys unter einen Hut zu bekommen. Beim Frisör wird die Geschäftspost gelesen, im Zug und am Flughafen wird mit dem Laptop gearbeitet, und überall ist man per Handy erreichbar. Die Zeit, die man vermeintlich nicht hat, wird am liebsten beim Schlaf eingespart. Irgendwie muss sich der Körper doch umprogrammieren lassen! Vielleicht alles eine Sache der Übung? Andere kommen doch auch mit weniger Schlaf aus!?

Napoleon, der angeblich nur vier Stunden jede Nacht schlief, hat gesagt: »Fünf Stunden Schlaf für einen erwachsenen Mann, sechs für

»Nacht ist schon hineingesunken. Schließt sich heilig Stern an Stern, große Lichter, kleine Funken glitzern nah und glitzern fern.«

Johann Wolfgang von Goethe

111

Endlich wieder schlafen!

einen jungen, sieben für eine Frau und acht – für Dummköpfe.« Thomas Edison hielt den Schlaf ebenfalls für vergeudete Zeit und soll sogar mit nur zwei Stunden ausgekommen sein. Vielleicht war es seine Abneigung gegen die Dunkelheit oder die Angst, sich fallen zu lassen, die ihn schließlich inspirierte, die Glühbirne zu erfinden.

Die Geschichte kennt aber zum Glück auch geniale Langschläfer wie Albert Einstein, der täglich bis zu zwölf Stunden geschlafen haben soll. Auch Goethe, der zumindest neun Stunden selig schlummerte, gehörte zu ihnen.

Kurzschläfer passen ideal in das heutige Bild vom erfolgreichen, disziplinierten und funktionierenden Menschen. Langschläfer dagegen gelten in der heutigen Leistungsgesellschaft als faule, unproduktive Menschen. Dabei haben Untersuchungen längst belegt, dass wir gegen unsere genetische Veranlagung, die uns zu Kurz- oder Langschläfern macht, nichts ausrichten können. Wir brauchen einfach ein Minimum an Schlaf, und das sieht bei jedem etwas anders aus.

Aber statt das zu akzeptieren, wälzen wir uns nachts übermüdet im Bett und können nicht schlafen, weil wir uns den Kopf darüber zerbrechen, wie wir dieses und jenes noch in unserem knappen Zeitbudget unterbringen könnten – anstatt zu schlafen und uns zu erholen.

Monika: Panik vor der Nacht

Wie eng Schlafstörungen mit Stress, Ängsten und Depressionen verbunden sind – weil ausgeschüttete Stresshormone den Schlaf rauben –, zeigt das Beispiel meiner Seminarteilnehmerin Monika.

Sie erzählte mir, dass sie mit 40 Jahren, nach 20-jähriger Ehe, vor dem absoluten Chaos stand. Sie war Mutter von zwei Kindern, die beide noch in die Grundschule gingen. Mit ihrem Mann arbeitete sie in der gemeinsamen Firma – bis diese Konkurs machte. Daraufhin verschwand der Mann über Nacht und ließ seine Frau und die Kinder mit den Schulden allein. Monika konnte die Hypotheken des Eigenheimes nicht mehr bezahlen und landete schließlich mit beiden Kindern im Obdachlosenasyl. Dort wohnte sie ein halbes Jahr, bis ein befreundeter Journalist sie bei einer Recherche zufällig traf und herausholte.

Nachdem ihr Mann verschwand, war Monika über Nacht in die Wechseljahre gekommen, die Regel blieb aus, die Haare wurden grau, sie bekam Schweißausbrüche, Pusteln auf Stirn und Rücken, schwere Depressionen und Schlafstörungen.

Besonders die Schlafstörungen machten Monika zu schaffen: Über Monate hinweg konnte sie nur zwei bis drei Stunden am Stück schlafen, bevor sie wieder von Alpträumen geweckt wurde.

So unterschiedlich wie die Menschen ist auch ihr Schlafbedürfnis. Nicht jeder Mensch braucht acht Stunden Schlaf. Napoleon genügten angeblich vier Stunden, Einstein soll bis zu zwölf Stunden geschlafen haben ...

ALLES SCHLÄFT, EINSAM WACHT …

Auch später, als sie wieder eine Wohnung und einen Arbeitsplatz hatte, wurde sie noch immer von Schlaflosigkeit geplagt. Sie ging jeden Abend mit der Angst ins Bett, wieder nicht schlafen zu können. Sie hatte regelrecht Panik vor den endlosen Nächten, in denen sie sich furchtbar einsam und verlassen fühlte, in denen sie immer wieder wütend auf die Uhr sah, um die Stunden zu zählen, die ihr noch zum Schlafen blieben.

Erst als Monika zu mir ins Seminar kam und dort lernte, wie sie täglich mit dem Emotionalen Training ihre Schlafstörungen besiegen konnte, änderte sich ihr Zustand. Hilfreich war dabei zunächst die neue Bewertung, dass eine schlaflose Nacht dem Körper nicht schadet – da er sich zumindest holt, was er zum Überleben braucht. Sie lernte aber vor allem, ihre Ängste und ihren selbstzerstörerischen Hass abzubauen. Bald konnte sie Dinge, die sie verletzt hatten, über neue emotionale Bilder anders bewerten und ihr Leben mit seinen schmerzhaften Veränderungen annehmen. Schon nach kurzer Zeit verschwanden ihre Wechseljahrsbeschwerden und ihre Depressionen. Sie hatte ein neues Selbstbewusstsein entwickelt und war stolz darauf, wieder aus eigener Kraft für sich und ihre Kinder sorgen zu können.

Die Welt können Sie durch Ihre Gedanken nicht verändern, wohl aber Ihre eigene Einstellung zur Welt. Und wenn Sie das erreichen, dann verändern auch Sie sich. Sie werden eine Ruhe und Harmonie in sich spüren, die Sie vorher nicht gekannt haben, Sie werden ausgeglichen, souverän und glücklich sein – und dadurch auch wieder gut schlafen. Und wenn Sie sich verändern, dann verändert sich auch die Welt um Sie herum!

> **Die häufigste Ursache von Schlafstörungen sind Ängste, Stress und negative Gedanken, die mit dem Emotionalen Trainingsprogramm abgebaut werden können.**

Warum schlafen Sie schlecht?

➤ Seit wann haben Sie Schlafstörungen? Können Sie sich daran erinnern, ob es einen Auslöser gab – zum Beispiel Umzug, Krankheit, Trennung oder andere seelische Belastungen?
Bei Schlafstörungen, die durch Stress, Ängste und depressive Verstimmungen verursacht sind (siehe dazu Seite 70 bis 79), ist das Emotionale Schlaftraining genau das Richtige.

➤ Schlafen Sie besser, wenn Sie nicht zu Hause sind, etwa im Hotel oder bei Freunden? Das lässt darauf schließen, dass daheim äußere Störfaktoren eine Rolle spielen. Ab Seite 126 finden Sie dazu Hinweise und Tipps.

»In müde Abendfenster schaut der Mond.
Er sieht auch dich und kann
in deinem Herzen lesen.«

DAS EMOTIONALE SCHLAFTRAINING

DAS EMOTIONALE SCHLAFTRAINING

Die Sehnsucht nach tiefem Schlaf ist schon deshalb so groß, weil wir diesen Gegenpol dringend brauchen in einer Welt, in der es ziemlich chaotisch zugeht – wie in unseren Köpfen: Wir können nicht mehr abschalten, werden bis in den Schlaf verfolgt von unserem Stress. Deshalb suchen wir nach Ruheinseln, wo wir Sicherheit, Geborgenheit, Frieden erleben und endlich loslassen können.

Das Emotionale Training bekämpft die Ursachen Ihrer Schlaflosigkeit – damit Sie Ihre psychisch bedingten Schlafstörungen ohne Medikamente dauerhaft loswerden und endlich wieder gut schlafen können!

EMOTIONALE MEDITATION

Seit alters existieren in allen Kulturen meditative Methoden, die Menschen inneren Frieden und Glück erleben lassen und ein Weg zum Unterbewusstsein und zur Selbsterkenntnis sind. Wenn der Verstand still wird, wenn wir die Achtsamkeit nach innen richten und ganz bei uns sind, können wir ruhig werden und wirklich loslassen.

Die »Traumbilder« und die Entspannungsübung des Emotionalen Schlaftrainings sind wie die »Energy-Harmonys« eine Form von Meditationsübungen, die Ihre emotionale Wahrnehmung verändern. Sie lernen, die Welt, die Menschen und sich selbst wieder intensiver wahrzunehmen – so wie als Kind.

Sie werden dadurch Ihr Leben aktiver und positiver gestalten und es nicht mehr als passiver Zuschauer von außen betrachten. Wenn Sie durch die Übungen Glück, Ruhe und Gelassenheit erfahren, so verstummt auch das negative Geschnatter im Kopf, und das Chaos in der Welt verliert seinen Schrecken.

DIE ALTE GUTE-NACHT-GESCHICHTE

Es war einmal … mit diesen rituellen Worten beginnen fast alle Märchen und Gute-Nacht-Geschichten. Unzählige Kinder lauschen jeden Abend der vertrauten Stimme der Mutter oder des Vaters, kuscheln sich mit ihrem Schmusebärchen oder Nuckeltuch unter die warme Decke und spüren uneingeschränktes Vertrauen, Liebe und Geborgenheit. Sie fühlen die Gewissheit, dass alles gut wird, weil Papi und Mami immer für sie da sind und sie beschützen.

Endlich wieder schlafen!

Die Traumbilder des Emotionalen Trainings wirken wie Gute-Nacht-Geschichten für Kinder: Urvertrauen und Geborgenheit, die wir am Ende spüren, lassen uns glücklich einschlafen. Glückshormone fließen durch jede Körperzelle und lösen Stresshormone und auch psychosomatische Energieblockaden auf.

Was ist das Faszinierende an diesen bewährten Gute-Nacht-Geschichten? Was bewirken sie?

Einerseits ist da die liebevolle und intensive Zuwendung der Eltern oder Großeltern zum Kind, andererseits fördern die Geschichten auch die Schlafbereitschaft. Denn sie stärken das Urvertrauen – schließlich siegt am Ende immer das Gute und das Böse wird bestraft. Die Kinderseele durchlebt in den Geschichten Freud und Leid mit der Gewissheit, dass es am Ende immer Gerechtigkeit gibt. Aus dem »hässlichen jungen Entlein«, das alle auslachen, wird ein stolzer, schöner Schwan. In »Sterntaler« wird das arme kleine Mädchen reich, weil die Sterne als Goldtaler vom Himmel regnen. »Aschenputtel«, das nach dem Tod der Mutter von der bösen Stiefmutter gedemütigt, gequält und als Putzfrau missbraucht wurde, wird von einem schönen Prinzen befreit und als seine Prinzessin ein Leben lang geliebt. Und wenn sie nicht gestorben sind, dann leben sie noch heute …

Nicht nur Kinder, auch Erwachsene fühlen sich am Ende der Märchen glücklich – und diese Emotionen setzen wiederum Hormone frei, die uns beruhigt einschlafen lassen.

»Beruhigungsmittel«

Die Anspannung, wenn etwa Aschenputtels Leid miterlebt wird, weicht einer Entspannung, wenn der Prinz Aschenputtel endlich findet und ihr den Goldschuh anzieht.

Auch in anderen Situationen erleben wir das Prinzip, dass sich nach einer Anspannung die anschließende Entspannung stark beruhigend auswirkt. Sie kennen das sicher, dass Sie etwa aus Prüfungsangst nicht schlafen können. Gleich nach der Prüfung spüren Sie eine starke Entspannung, weil Glückshormone die Stresshormone sofort abbauen und Sie wieder ruhig werden lassen.

Vertrauen, Liebe und Geborgenheit sind wohlige Glücksgefühle, sozusagen »Glückshormone pur«, die entspannend wirken, weil sie Stresshormone abbauen und den Körper auf Schlaf programmieren.

Traumbilder für das Schlaftraining

Das Urvertrauen und die Geborgenheit, die wir am Ende einer Gute-Nacht-Geschichte spüren, lassen uns glücklich einschlafen. Um diese Emotionen wieder zu wecken, habe ich für das Emotionale Training die drei »Traumbilder« (ab Seite 118) entwickelt.

Die Traumbilder eignen sich dafür, Sie – wie einst die Märchen – zum Einschlafen und ins Reich der Träume zu bringen. Sie wirken wie eine

DAS EMOTIONALE SCHLAFTRAINING

klassische Gute-Nacht-Geschichte: Sie bekommen wieder Vertrauen in sich selbst und in Ihr Leben. Durch die *Traumbilder* entstehende Glücksgefühle lassen Glückshormone durch jede Ihrer Körperzellen fließen und lösen so die Stresshormone und auch psychosomatische Energieblockaden auf.

Verena: Kinderkassetten als Schlafhilfe

Wie sehr die Gute-Nacht-Geschichten aus unserer Kindheit mit den Gefühlen von Geborgenheit und Vertrauen im Unterbewusstsein programmiert sind, habe ich an meiner eigenen Tochter erlebt. Sie gehört zu jener Generation, die zum Einschlafen oft Kindergeschichten vom Tonband gehört hat. Als Verena sechzehn Jahre alt war, hörte sie abends zum Einschlafen oft noch immer ihre alten »Bibi Blocksberg«-Kassetten. Sie hatte diese Geschichten mit ihrer Kindheit, mit Geborgenheit und Glücksgefühlen programmiert.
Als sie mit Freunden in den Urlaub fuhr, entdeckte sie, dass noch zwei andere, gleichaltrige Mädchen aus der Gruppe zum Einschlafen diese vertrauten Geschichten hörten. Sie hatten intuitiv ihr optimales Einschlafmittel gefunden.

Mein Tipp!

So schlafen Sie entspannt ein

Wenn Sie abends im Bett liegen, können Sie folgendes kleine »Programm« machen:

➤ Sprechen Sie zuerst Affirmationen (Seite 43), die Sie auf Entspannung und Loslassen einstimmen. Diese könnten zum Beispiel lauten:

Ich bin ganz ruhig und schlafe die ganze Nacht durch.
Von heute an lerne ich, wieder ruhig zu schlafen.
Ich habe Vertrauen und lasse los.
In mir sind Harmonie und Frieden.

Sehen Sie sich bei diesen Affirmationen als Kind, wie Sie voller Vertrauen tief und fest schlafen. Denn ein schlafendes Kind ist in unserem Unterbewusstseinn positiv verankert. Wir verbinden mit diesem Bild keine Schlafstörungen, sondern das Gefühl von Vertrauen und Geborgenheit.

➤ Hören Sie sich dann eines der drei folgenden »Traumbilder« von der CD als Ihre Gute-Nacht-Geschichte an – Sie werden sich wundern, wie schnell Sie Ängste und Stress abbauen und wieder gut schlafen können.

➤ Falls Sie dann noch nicht schlafen, hören Sie die Entspannungsübung von Seite 123. Gute Nacht!

Wenn Sie der CD zuhören, kuscheln Sie sich genüsslich in Ihre Kissen und stellen sich vor, Sie seien wieder ein Kind und Mutter, Vater oder Großvater erzähle Ihnen eine Gute-Nacht-Geschichte.

Endlich wieder schlafen!

MIT »TRAUMBILDERN« IN EINE GUTE NACHT

Gönnen Sie sich ab heute jeden Abend dieses Einschlaf-Ritual. Wechseln Sie die Traumbilder beliebig ab oder hören Sie einfach immer nur Ihr Lieblingsbild.

Das haben die meisten von uns als Kind erlebt: Wir liegen abends im Bett, auf der Bettkante sitzt unsere Mutter oder unser Vater und erzählt eine Gute-Nacht-Geschichte. Die Traumszenen des Emotionalen Trainings wecken die Erinerung an diese wohlige Atmosphäre. Wir spüren Vertrauen und Geborgenheit – und können so entspannt und selig einschlafen wie als Kind.

Die Sechs-Minuten-Szenen werden wie liebevolle, sanfte Gute-Nacht-Geschichten erzählt. Dadurch werden die vertrauten Programme aus der Kindheit abgerufen – vorausgesetzt, Sie haben das als Kind erlebt. Doch auch Menschen, die diese Erfahrung nicht machen durften, verbinden mit der Vorstellung ein positives Gefühl.

➤ Legen Sie sich also ins Bett und hören Sie eines der Traumbilder oder alle drei - am besten ganz leise mit Kopfhörer.

TRAUMBILD 1: STERNENHIMMEL

Die Sonne ist schon längst versunken.
Du schaust hinauf
und siehst die Welt der Sterne über dir.
Sternenhimmel, weiter Raum,
laden ein ins Reich der Träume.

Land des Friedens und der hellen Sterne.
Der Mondschein liegt auf deinem Haus.
Träume, die dich sanft und friedlich
in eine unsichtbare Welt versenken.
Du fühlst Geborgenheit und Wärme.
Du fühlst dich selig wie ein Kind.
Und ein tiefes Müdewerden
kommt so gnädig über dich.
Frieden in deinem Herzen
wiegt dich in den Schlaf.

Du träumst und spürst ein helles Licht.
Erkenntnis durchflutet dich sanft.
Und du spürst es klar, erlösend:
Das wahre Glück liegt nur in dir.
Du spürst: Nur du allein kennst deinen Weg
und kannst dein Leben lenken.
So bist du frei,
weil du dies Glück nie mehr verlierst.
Frieden in deinem Herzen
wiegt dich in den Schlaf.

Du spürst die Urkraft tief in dir.
Du spürst, was du unbewusst weißt.
So, wie er dich als Kind begleitet hat,
legt dein Schutzengel sanft die Flügel um dich.
Du ahnst die unsichtbaren Kräfte,
die unser Geist nicht fassen kann.
Du lässt ganz los
und spürst die Liebe, die dich stets begleitet.
Liebe in deinem Herzen
wiegt dich in den Schlaf.

Du bist nach langer Suche
endlich nach Haus gekommen.

»*Du schaust hinauf und siehst das Meer der Sterne über dir. Sternenhimmel, weiter Raum, laden ein ins Reich der Träume.*«

Endlich wieder schlafen!

*Nach langer Dunkelheit spürst du jetzt Licht.
Du hast erkannt:
Nur wenn du selbst dich liebst,
kannst du auch Liebe weitergeben.
Das ist die Botschaft und der Sinn des Lebens.
Nur diese Liebe macht dich frei.*

*Liebe in deinem Herzen
wiegt dich in den Schlaf.*

TRAUMBILD 2: WOGENDES KORNFELD

»*Wenn man aufhört zu träumen, hört man auf zu leben.*«

Malcolm S. Forbes

*Es geht ein Rauschen übers Feld,
vertraut wie das Rauschen des Meeres.
Wogende Wellen aus goldenen Ähren
wiegen dich in den Schlaf.
Du spürst, wie in fernen Kindertagen,
so ein vertrautes Heimatgefühl.
Du spürst in dir tiefen Frieden,
Geborgenheit und Harmonie.*

*Die Sonne neigt sich müde zur Erde,
und mit der Dämmerung geht der Tag.
Ganz leise, mit sanfter Macht,
besiegen dich Schlaf und Nacht.
Du lässt ganz los – und träumst,
du fällst durch weiche Nebelschleier
sehnsüchtig in dein Traumlandparadies.
Wogende Wellen von Gedanken und Träumen
wiegen dich in den Schlaf.*

*Du siehst im Paradies der Träume
ein wunderbares, lichtes Wesen.
Es spricht so liebevoll erlösend,
so voller Güte sanft zu dir:
»Wehr dich nicht gegen das, was Leben heißt.
Halt dunkle Gedanken, die schmerzen, nicht fest.
Lass in Frieden los und hab Vertrauen.«*

*Wogende Wellen der Liebe
wiegen dich in den Schlaf.*

Du spürst, wie in sanften Kinderträumen,
ein wohliges, leichtes Schweben.
Du fühlst dich eingehüllt in Wärme,
erfüllt von Liebe und Vertrauen.
Du lässt sanft los und spürst,
wie deine Seele sich befreit.
In deinem Herzen spürst du Frieden.

Wogende Wellen der Liebe
wiegen dich in den Schlaf.

Du gleitest sanft durchs Reich der Träume.
In müde Abendfenster schaut der Mond.
Er sieht auch dich
und kann in deinem Herzen lesen.
Du spürst erlösend in dir Frieden,
fühlst dich geliebt, beschützt,
in Wärme und Geborgenheit.

Sanfte Träume, wie wogende Wellen,
wiegen dich in den Schlaf.

»Es geht ein Rauschen übers Feld. Vertraut wie das Rauschen des Meeres. Wogende Wellen aus goldenen Ähren wiegen dich in den Schlaf.«

TRAUMBILD 3: LASS DICH FALLEN IN DEN WIND

In einem lichten Buchenhain
schwingen sanft die Blätter im Abendlicht.
Durch die Äste streicht ein leichter Wind.
Der Wind ist so leise, du hörst ihn kaum.
Er flüstert: »Lass dich fallen,
lass los, ich fang dich auf.«

Du spürst den Windhauch zart auf der Haut
Du spürst ein sanftes Wiegen.
Du spürst ein stilles Müdesein,
wie ein zufriedenes Kind.
Geborgen in kindlichem Vertrauen,
wiegt dich der Wind im Traum.
Er flüstert: »Komm, lass dich fallen,
lass los, ich fang dich auf.«

Du träumst ruhig und losgelöst vom Tag,
denn der ging schlafen.
Eine sanfte Wolke schwebt am Himmel
und zieht durch deinen Traum.
Du träumst, irgendwo in der Ferne

> »Du spürst ein sanftes Wiegen. Du spürst ein stilles Müdesein, wie ein zufriedenes Kind.«

MIT TRAUMBILDERN IN EINE GUTE NACHT

muss die Heimat der weißen Wolken sein.
Und es flüstert: »Lass dich fallen,
lass los, ich fang dich auf.«

Du spürst, wie in fernen Kindertagen,
ein tiefes Urvertrauen.
Der Windgesang wiegt dich selig im Traum.
Du spürst ein sanftes Schweben.
Es flüstert: »Du kannst weder morgen noch gestern sein.
Du kannst nur den Augenblick leben.
Drum lass dich fallen, hab Vertrauen,
lass los, ich fang dich auf.«

Du versinkst im Schleier der Seligkeit,
fühlst dich sorglos und frei.
Was heute dein Herz nicht tragen kann,
wird morgen wieder leicht.
Draußen liegt nun die stille Nacht.
Ganz leise rauscht noch der Wind.
Er flüstert: »Lass dich fallen, schlaf ein,
lass los, ich fang dich auf.«

Entspannung heißt
Anspannung loslassen.

ENTSPANNEN SIE SICH!

Wenn Sie bei den Traumbildern noch nicht eingeschlafen sind, sollten
Sie noch folgende Entspannungsübung (mit der CD) machen:

Entspannungsübung

Du liegst ganz entspannt auf dem Rücken.
Deine Hände liegen mit den Handflächen auf dem Bauch.

Du atmest ruhig und entspannt.
Einatmen und loslassen.

Das Fließen des Atems
beim Ein- und Ausatmen ist eine weiche Bewegung,
als würde ein sanfter Wind durch den Körper,
durch jede Zelle hindurchwehen.

Du bist ganz entspannt und lässt alles los.

Endlich wieder schlafen!

»Du sinkst
bei jedem Atemzug
tiefer und tiefer.
Du bist ganz ent-
spannt und müde.
Du spürst einen
tiefen Frieden.«

Einatmen und loslassen.

Stell dir vor, ein sanfter Windhauch
streicht über dein Gesicht.
Du lässt deine Stirn los und fühlst,
wie sich deine Stirn entspannt.
Die Augen sinken müde in die Augenhöhlen.
Du spürst deine Wangen locker und entspannt.
Beim Ausatmen spürst du,
wie du jeden Muskel loslässt.
Deine Gesichtszüge sind ganz entspannt
wie bei einem schlafenden Kind.

Du spürst den Atem sanft durch deinen Körper fließen.
Einatmen und loslassen.

Du fühlst in deinen Rücken
und spürst, wie du deinen Rücken loslässt.
Du sinkst bei jedem Atemzug tiefer und tiefer.
Tiefer und tiefer.
Dein Atem fließt sanft durch deinen Rücken.
Du spürst deinen Atem in deinem Brustkorb.
Dein Brustkorb ist weit und entspannt.

Einatmen und loslassen.

Du bist ruhig und entspannt.
Du spürst, wie dein Bauch sich beim Einatmen hebt
und beim Ausatmen senkt.
Dein Bauch ist warm und entspannt.
Du spürst den Atem wie eine Welle,
die kommt und geht.

Du spürst in deine Arme.
Deine Arme sind warm,
ganz warm.
Du spürst, wie beim Ausatmen der Atem
sanft durch deine Arme fließt.
Du spürst das Ausatmen bis in die Fingerspitzen.

Der Atem kommt und geht, wie eine Welle.
Bei jedem Ausatmen sinkst du tiefer und tiefer.

MIT TRAUMBILDERN IN EINE GUTE NACHT

Diese Haltung ist sehr entspannend und gilt daher als ideale Einschlafhaltung. Aber jeder Mensch ist anders. Wenn Sie Probleme mit dem Einschlafen haben, experimentieren Sie doch mal mit verschiedenen Haltungen. Hauptsache: entspannt!

Du spürst beim Ausatmen den Atem in deinem Becken.
Dein Becken ist warm und entspannt.
ganz warm und entspannt.
Du spürst, wie sich dein Körper beim Ausatmen entspannt.

Einatmen und loslassen.

Dein Atem fließt beim Ausatmen sanft durch deine Beine.
Deine Beine sind warm und entspannt.
Beim Ausatmen spürst du den Atem bis in die Fußspitzen.

Einatmen und loslassen.

Bei jedem Ausatmen fühlst du dich entspannter.
Du bist ganz entspannt und müde.
Dein ganzer Körper ist entspannt und müde.
Du spürst einen tiefen Frieden.

Endlich wieder schlafen!

LASSEN SIE SICH NICHT MEHR STÖREN!

Auch wenn das sonst im Leben nicht sehr hilfreich ist – wenn es um Schlafstörungen geht, dürfen Sie ruhig nach Schuldigen suchen! Es ist erstaunlich, was alles unseren Schlaf empfindlich stören kann – und die Stresshormonproduktion weiter ankurbelt.

Jeder, der an Schlafstörungen leidet, sollte also wissen, welche äußeren Einflüsse seinen Schlaf zusätzlich beeinträchtigen. Das kann ein schwer verdauliches, deftiges Essen spätabends sein oder etwas Aufputschendes wie Kaffee, Champagner, Nikotin. Auch ein zu kaltes oder ein zu warmes Schlafzimmer, die falschen Decken, schlechte Matratzen, Erdstrahlung, Elektrosmog oder laute Geräusche beeinträchtigen den Schlaf. Deshalb sollten Sie auch die äußeren Störfaktoren beseitigen, damit das Emotionale Schlaftraining optimal wirken kann.

STRAHLENDE STRESSOREN

Kennen Sie das auch? Sie ziehen in eine neue Wohnung oder ein neues Haus und freuen sich auf erholsamen Schlaf im neuen Schlafzimmer. Doch es ist wie verhext, Sie können dort einfach nicht gut schlafen. Wenn Sie dann mal zufällig in einem anderen Zimmer, etwa im Kinderzimmer schlafen, weil Ihr Kind krank ist, klappt es auf einmal mit dem Schlafen. Ursachen für diese Schlafstörung, unter der man scheinbar nur in bestimmten Bereichen der Wohnung leidet, sind die so genannten geopathischen Belastungen, also Erdstrahlen und Elektrosmog.

Erdstrahlen und Wasseradern

● Erdstrahlen sind an sich etwas ganz Natürliches. Da die Erde keine einheitliche Masse ist, gelangen durch verschiedene Gesteinsschichten, Wasseradern und Brüche in der Erdkruste Erdmagnetstrahlen in Form eines Gitters an die Oberfläche. Wo Kreuzungspunkte dieser Gitter entstehen, kann der Körper Belastungen ausgesetzt sein – und reagiert darauf zum Beispiel mit Schlafstörungen.

Mein Tipp!

Von Beruhigungs- und Schlaftabletten sollten Sie die Finger lassen. Damit erzeugen Sie lediglich eine künstliche Besinnungslosigkeit, die Sie zudem abhängig machen kann. Schlafmittel können nicht die Ursachen von Schlafstörungen beheben, sondern nur Ihren Körper und Geist betäuben.

LASSEN SIE SICH NICHT MEHR STÖREN!

Außerdem ist auch die moderne Bauweise daran schuld, dass diese Strahlen weitaus stärker wirken als früher. Denn der meist für die Böden im Haus verwendete Beton hat keine gute Abschirmfunktion für die aus der Erde in die Räume gelangende Strahlung. Früher verwendete Baumaterialien wie Lehm, Stroh, Ziegelsplitter und Naturstein schützen wesentlich besser gegen schädliche Erdstrahlen.

● Wasseradern gehören ebenfalls zu den Schlafstörern aus unserer natürlichen Umgebung. Die unterirdisch verlaufenden kleinen Rinnsale können bei sensiblen Menschen zu Nervosität führen. Besonders intensiv wirken sie, wenn sie ein Erdstrahlgitter kreuzen.

➤ Wenn Sie den Verdacht haben, Ihre Schlafstörungen könnten mit dem Standort Ihres Bettes zusammenhängen, sollten Sie es probeweise verrücken. Können Sie nach mehreren Versuchen noch immer nicht besser schlafen, sollten Sie sich an einen Rutengänger wenden, der die Störquellen meist sicher aufspüren kann.

Elektrosmog

Ein weiterer wichtiger Störfaktor im Schlafzimmer, der ebenfalls mit dem modernen Leben Einzug gehalten hat, ist die Elektrizität. Durch Steckdosen, elektrische Wecker, Nachttischlampen oder Radio entstehen elektrische und elektromagnetische Felder. Vor allem Letztere können für den Menschen gesundheitsschädlich sein. Denn auch der Mensch selbst sendet geringfügige elektrische Schwingungen aus, die dann von der Steckdose neben dem Bett oder dem Elektrogerät im Schlafzimmer überlagert und empfindlich gestört werden können. Sie sollten also möglichst keine elektrischen Geräte im Schlafzimmer haben, vor allem nicht, wenn Sie unter Schlafstörungen leiden.

So können Sie Elektrosmog im Schlafzimmer vermeiden:

➤ Ersetzen Sie Ihren elektrischen Wecker durch einen mechanischen, also aufziehbaren. Wenn Sie das Ticken stört, können Sie den Wecker etwas weiter vom Bett entfernt auf eine weiche Unterlage stellen. Das schluckt die Geräusche.

➤ Steckdosen in Bettnähe können Sie stilllegen. Abdeckklappen dafür gibt es im Elektrofachhandel. Sie können aber auch Kindersicherungen verwenden, das reduziert die elektromagnetischen Felder erheblich.

> Alles, was im Umfeld Ihres Bettes in irgendeiner Form Unruhe verbreitet oder Spannung erzeugt – und das tun Erdstrahlen, Wasseradern, Elektrosmog –, sollten Sie versuchen auszuschalten oder abzuschwächen. Oft ist die einfachste Lösung, das Bett an einen anderen Platz zu stellen.

Endlich wieder schlafen!

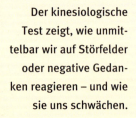

Der kinesiologische Test zeigt, wie unmittelbar wir auf Störfelder oder negative Gedanken reagieren – und wie sie uns schwächen.

Der Kinesiologie-Test

Sie können selbst mit Hilfe der Kinesiologie (siehe auch Seite 49) prüfen, ob es äußere Störquellen in Ihrem Schlafzimmer gibt, auf die Sie empfindlich reagieren. Dieses Diagnose- und Behandlungsverfahren wurde von dem amerikanischen Arzt Goodheart in den sechziger Jahren entwickelt. Es geht davon aus, dass die Muskelkraft ohne Beeinflussung durch die Willenskraft darüber Auskunft geben kann, was einem gut tut oder schadet. Mit dieser Methode kann man zum Beispiel bei Allergikern testen, auf welche Stoffe sie überreagieren.
Sie können damit auch in Ihrem Schlafzimmer testen, ob äußere Störquellen existieren, die Sie am Schlafen hindern.

➤ Bitten Sie jemanden um Mithilfe. Strecken Sie Ihren Arm zur Seite aus: Der andere testet nun Ihre »normale« Kraft, indem er den Arm an der Hand nach unten drückt (es geht nicht darum, ihn tatsächlich nach unten zu drücken, sondern um das Gefühl für die normale Kraft des Arms).

➤ Berühren Sie dann mit einer Hand zum Beispiel die Steckdosenleiste neben Ihrem Bett. Strecken Sie den anderen Arm aus – und Ihr Partner drückt ihn mit demselben Kraftaufwand wie beim Test nach unten. Ist Ihr Arm jetzt deutlich schwächer, haben Sie den ersten Störfaktor entdeckt.

Auf diese Weise können Sie auch die verschiedenen Bodenbereiche in Ihrem Schlafzimmer testen. Gehen Sie dazu in die Knie und legen Sie Ihre Hand flach auf den Boden. Strecken Sie den anderen Arm seitwärts aus und lassen Sie ihn nach unten drücken. So können Sie Ihr ganzes Schlafzimmer testen und den für Sie geeignetsten Schlafplatz finden.

DIE NATUR SPIELT IMMER MIT

Der Biorhythmus

Jeder Mensch hat eine »innere Uhr«. Diese tickt zwar im Prinzip bei allen Menschen im ungefähr gleichen Takt, aber individuelle Unterschiede gibt es doch. So sind manche Menschen am frühen Morgen besonders leistungsstark, andere erst am Nachmittag. Wenn Sie sich nun zwingen, gegen Ihren persönlichen Biorhythmus zu arbeiten, oder ihn ignorieren, kann es auch zu Schlafstörungen kommen.
Besonders anfällig sind verständlicherweise Menschen, die im Schichtdienst arbeiten müssen. Ihr Körper kommt kaum noch zur Ruhe, hat keinen regelmäßigen Rhythmus, und der Schlaf am Tage ist nicht so erholsam wie der nachts. Die innere Uhr wird sich nie vollständig an

LASSEN SIE SICH NICHT MEHR STÖREN!

Nachtarbeit und Tagesschlaf gewöhnen können, so weit lassen sich unsere menschlichen Gene nicht umprogrammieren.

Wetterfühligkeit

Ein anderer äußerer Faktor, der Schlafstörungen verursachen kann, ist das Wetter, vor allem ein Wetterwechsel. Bei Wetterfühligen wird insbesondere dann, wenn sich eine Warmfront nähert, der Schlaf empfindlich gestört, denn dann ändert sich der Luftdruck erheblich und beeinflusst das vegetative Nervensystem. Nervosität macht sich breit – und verhindert den Schlaf.
Ähnlich wirken alle Wetterlagen, bei denen die Boden- und Höhenströmung sehr unterschiedlich ist. Auch der vor allem in Bayern bekannte – und berüchtigte – Föhn kann den Schlaf stören. Denn dieser warme Fallwind überreizt leicht die Nerven. Viele klagen dann darüber, die ganze Nacht kein Auge zugetan zu haben.

Vollmondnächte

Ähnlich aufputschend wie der Föhn wirkt auf manche Menschen der Vollmond. Dass der Mond und sein Zyklus die Natur und den Menschen beeinflussen, ist heute allgemein anerkannt.
So wie der Mond als Herr der Gezeiten auf die Wasserhülle der Erde einwirkt, so manipuliert er auch den Menschen, sein Wohlbefinden und seine Stimmung über das vegetative Nervensystem. Bei Vollmond kommen zum Beispiel besonders viele Kinder zur Welt, aber bei manchen Menschen sinkt auch die Aggressionsschwelle – das geht aus den Polizeistatistiken hervor. Viele Künstler berichten, dass sie in Vollmondnächten besonders schaffensfreudig und kreativ sind.
Fest steht: Der Vollmond macht uns munter – und raubt uns oft den Schlaf.

Vielleicht ein Trost: Viele Menschen reagieren auf bestimmte Wetterlagen und auf Vollmond mit Schlafproblemen. Nehmen Sie es also gelassen – und freuen Sie sich über die anderen guten Nächte!

WIE MAN SICH BETTET ...

... so liegt man nicht nur, sondern so schläft man auch. Matratze, Unterlage und Raumklima haben einen wesentlichen Einfluss auf die Qualität unseres Schlafes. Häufig sind aber ästhetische Gesichtspunkte ausschlaggebend für den Kauf einer Liegestatt – und nicht gesundheitliche. Die praktische Ausziehcouch und das schicke Metallbett sehen zwar gut aus, sind für Ihren Rücken und einen erholsamen Schlaf jedoch denkbar ungünstig.

Endlich wieder schlafen!

Bettgestell und Zudecken sollten am besten aus Naturmaterialien sein, also Holz für das Gestell und Baumwolle, Leinen oder Seide für die Decken und Bezüge. Für Allergiker gibt es spezielle, oft kochbare Materialien, die für eine reizfreie Atmosphäre sorgen.

Ihr Bett sollte Ihr kleines Paradies sein. Sparen Sie nicht gerade daran!

Darauf sollten Sie beim Bettenkauf achten

● Der Unterbau sollte luftdurchlässig sein (Lattenrost oder Ähnliches).
● Die Matratze sollte atmungsaktiv, nicht zu hart und nicht zu weich sein. Sie sollte die natürliche Form der Wirbelsäule unterstützen und auch Ihr Gewicht berücksichtigen.
● Probeliegen und eine kompetente Fachberatung sind unabdingbar.
● Futonmatratzen werden wegen ihrer recht harten Baumwollschichten nicht von jedem Rücken vertragen.
● Wasserbetten passen sich zwar jeder Körperform an, können manchmal aber zu wenig Abstützung bieten. Außerdem bietet die Plastikunterlage keinen Luftaustausch, und wegen der Temperierung des Wassers müssen elektrische Drähte unter der Matratze verlaufen, die Elektrosmog verursachen können.

Immer wohltemperiert

Die Raumtemperatur im Schlafzimmer sollte etwa 18 °C betragen. Und die Luftfeuchtigkeit muss ausreichend hoch sein, damit die Schleimhäute nicht austrocknen. Aber bitte keine elektrischen Luftbefeuchter oder Springbrunnen, sondern lieber Wasserschalen und nasse Handtücher – und immer gut lüften!

Machen Sie es sich schön!

Vergessen Sie nicht: Sie verbringen ein Drittel Ihres Lebens in Ihrem Schlafzimmer. Schlafen Sie also nicht in einer Rumpelkammer, sondern schmücken Sie diesen Raum liebevoll, mit Bildern, die Sie zum Träumen einladen, mit Kerzen und Gegenständen, die Ihnen etwas bedeuten.
Schaffen Sie eine ruhige, harmonische und natürlich auch sinnliche Atmosphäre mit unaufdringlichen Farben und Formen.

LÄRM – SIE MÜSSEN NICHT ALLES ERTRAGEN!

Kennen auch Sie jene beneidenswerten Menschen, die immer und überall schlafen können, im Flugzeug, im Konzert, in der Bahn oder neben dem schnarchenden Partner? Für sie scheint Lärm gar nicht zu existieren, während andere schon beim kleinsten Geräusch aufwachen und kaum mehr einschlafen können.
Lärmempfindlichkeit ist aber keine Marotte, denn tatsächlich ist unsere Umwelt immer lauter geworden und kann Stress und Schlaflosigkeit auslösen. Die wenigsten haben die Möglichkeit, dem Verkehrslärm oder lauten Nachbarn einfach auszuweichen, indem sie in ein einsames Haus auf dem Lande ziehen. Auch, wenn erwachsene Kinder des öfteren erst spät nachts nach Hause kommen, hilft letztlich eines besser als jede Beschwerde:

➤ Gehen Sie in die nächste Apotheke und kaufen Sie sich für ein paar Mark Lärmstopper, auch Ohrenstöpsel genannt. Sie sind aus Wachs oder Kunststoff und wirken oft Wunder. Beim Akustiker können Sie sich für etwas mehr Geld auch speziell angepasste Lärmdämpfer anfertigen lassen, die noch etwas mehr Geräusche abhalten.
Nach kurzer Zeit werden Sie sich an die Fremdkörper im Ohr gewöhnt haben, und Sie können ungestörter schlafen – auch in einer fremden, lauten Umgebung.

> Je heftiger wir uns nach Ruhe sehnen, wenn Geräusche stören, desto mehr Bedeutung gewinnen sie, desto mehr Widerstand ist in uns, desto mehr Anspannung. Schlaf wird unmöglich, weil uns Stresshormone regelrecht überfluten. Loslassen ist das Zauberwort!

Endlich wieder schlafen!

Mein Tipp!

Hören Sie sich um und suchen Sie einen guten Spezialisten, der Ihre Krankheit richtig diagnostizieren und behandeln kann. Er oder sie wird auch wissen, inwieweit Ihre Schlafstörungen durch die Krankheit bedingt sind.

KRANKHEITEN, DIE DEN SCHLAF RAUBEN

Alle Krankheiten, die Schmerzen auslösen, halten uns vom Schlafen ab. Doch nicht nur Schmerzen sind Schlafräuber, es gibt noch eine Reihe anderer Erkrankungen, die Schlafstörungen verursachen.

Restless-Legs-Syndrom

Das *Restless-Legs-Syndrom* (»ruhelose Beine«) wird von Betroffenen als besonders quälend empfunden. Denn immer, wenn man zur Ruhe kommt und sich entspannt, beginnen die Beine zu zittern oder zu zucken. Einschlafen wird so verständlicherweise zum Problem, denn beim Wegschlummern wecken einen die »kribbelnden« Beine.
Schätzungsweise leiden etwa fünf Prozent der Bevölkerung an diesem Syndrom. Eine erbliche Veranlagung kann Ursache dafür sein, aber auch eine Schwangerschaft, Nierenschwäche oder Eisenmangel. Wissenschaftler vermuten, dass Funktionsstörungen im Nervensystem, durch die bestimmte Nervenbotenstoffe in zu geringer Menge gebildet werden, für die ruhelosen Beine verantwortlich sind.
➤ Besserung verschafft regelmäßiger Sport, etwa Radfahren, Laufen und Beingymnastik. Ist diese lästige Erkrankung jedoch sehr ausgeprägt, kann der Arzt auch Parkinsonmedikamente verschreiben.

Wenn die Schilddrüse nicht gut funktioniert

Auch Störungen der Schilddrüsenfunktion können für Schlafstörungen verantwortlich sein. Die Schilddrüse reguliert den so genannten Grundumsatz des Körpers, also den Stoffwechsel. Sie bestimmt, ähnlich wie ein Regulierungsschalter bei einer Maschine, wie schnell oder langsam die Körperzellen Energie zur Verfügung stellen und diese wieder verbrennen.
Durch verschiedene Ursachen kann die Schilddrüsenfunktion aus dem Gleichgewicht geraten. So stellt sich bei Frauen oft eine Überfunktion der Schilddrüse ein, wenn sich der Hormonhaushalt grundlegend umstellt. Das ist vor allem in der Pubertät, in den Wechseljahren oder während einer Schwangerschaft der Fall.
Der gesamte Organismus läuft bei einer Schilddrüsenüberfunktion auf Hochtouren. Die Energie wird sehr schnell verbraucht. Sie nehmen also ab, ohne Ihre Ernährung zu reduzieren. Innere Unruhe, leichtes Zittern, Herzklopfen und Schlafstörungen sind weitere typische Anzeichen einer Schilddrüsenüberfunktion.

LASSEN SIE SICH NICHT MEHR STÖREN!

➤ Wenn Sie diese Symptome haben, sollten Sie einen Arzt aufsuchen und ihn um Rat fragen.

Besteht eine Schilddrüsenüberfunktion unbehandelt über einen längeren Zeitraum, so kann das Herz durch die dauernde Überforderung geschwächt werden. Mit Bluttests kann der Arzt feststellen, ob eine Schilddrüsenüberfunktion vorliegt und wie stark sie ausgeprägt ist. Dazu werden die Schilddrüsenhormone im Blut bestimmt. Je nachdem, wie das Ergebnis ausfällt, können Sie Medikamente verordnet bekommen, die die Hormonüberproduktion drosseln. Meistens reguliert sich die Hormonausschüttung nach und nach wieder. Ihr Herz schlägt wieder normal und die Schlafstörungen verschwinden.

Bluthochdruck

Ähnlich »hochtourig« wie bei der Schilddrüsenüberfunktion arbeitet der gesamte Organismus bei Bluthochdruck. Normalerweise sinkt der Blutdruck nachts ab und ermöglicht so einen ruhigen Schlaf. Bleibt er allerdings oben, fühlen Sie sich nicht schlafbereit oder Sie wachen immer wieder auf.

Die eigentliche Ursache für Bluthochdruck bleibt jedoch meistens ungeklärt. Nur selten ist eine Organerkrankung wie eine Nieren- oder Herzkrankheit dafür verantwortlich. Sicher ist jedoch, dass bestimmte Risikofaktoren wie Rauchen, Übergewicht, Bewegungsmangel oder Alkohol zu Ablagerungen in den Gefäßen führen und diese verengen (Arteriosklerose). Das Blut muss sich dann mit größerem Druck durch die Gefäße pressen.

➤ Eine Umstellung der Lebensgewohnheiten – mehr Sport, weniger essen, rauchen und Alkohol – kann schon zu deutlichen Verbesserungen führen. In jedem Fall sollten Sie bei Bluthochdruck einen Arzt aufsuchen, denn unbehandelt kann der Hochdruck sehr gefährlich werden: Er schädigt Gefäße und Organe und ist der Risikofaktor Nummer eins für Herzinfarkt und Schlaganfall. Ist der Bluthochdruck verantwortlich für Schlafprobleme, so verschwinden diese, sobald der Druck reguliert ist.

Hormonschwankungen

Frauen können auch durch Hormonschwankungen am Schlafen gehindert werden. So kann etwa das prämenstruelle Syndrom (PMS) Schlafstörungen verursachen. Dabei handelt es sich um Befindlichkeitsstörungen, die hormonbedingt ungefähr eine Woche vor der Menstruation einsetzen und mit deren Beginn verschwinden. Neben

Ihr Bluthochdruck hat die besten Chancen, durch das Emotionale Training gesenkt zu werden. Halten Sie sich an die Empfehlungen Ihres Arztes – und machen Sie das Training zusätzlich.

Endlich wieder schlafen!

Schlafstörungen können auch Spannungsgefühle in den Brüsten, starke Stimmungsschwankungen und Rückenschmerzen auftreten.
➤ Häufig helfen Mittel mit den Inhaltsstoffen der Heilpflanze Mönchspfeffer gegen die Symptome – und gegen die Schlaflosigkeit.
Auch die Wechseljahre der Frau werden neben Hitzewallungen, Schwindel und Herzrasen häufig von Schlafstörungen begleitet. Denn der ganze Organismus durchlebt eine Hormonumstellung, auf die er sich erst einstellen muss: Die weiblichen Hormone nehmen ab. Davon ist das vegetative Nervensystem besonders betroffen, es ist sozusagen »unausgeglichen«.

MEDIKAMENTE UND IHRE NEBENWIRKUNGEN

Bestimmte Arzneimittelwirkstoffe können Schlafstörungen verursachen, wenn sie beispielsweise »aufputschen«. Wussten Sie zum Beispiel, dass Erkältungs- und Hustenmittel zu Unruhe führen können, wenn sie die Wirkstoffe Ephedrin oder Theophyllin enthalten? Auch einige Appetitzügler mit Amphetaminen können zu innerer Unruhe und Schlafstörungen führen – davon abgesehen sollten Sie diese ohnehin meiden.
Selbst Schlaf- und Beruhigungsmittel können zu Schlafstörungen führen, wenn sie über längere Zeit und in steigender Dosis eingenommen werden. So verkürzen etwa Barbiturate den Tief- und den REM-Schlaf (Seite 109) und machen zudem abhängig. Bei einer Entwöhnung kommt es dann zusätzlich zu ausgeprägten Schlafstörungen.
Ebenso können die Antibabypille sowie Mittel gegen Bluthochdruck, Migräne, Parkinson oder Depressionen Schlafstörungen verursachen.
➤ Also: Fragen Sie immer Ihren Arzt oder Apotheker nach möglichen Nebenwirkungen der verschriebenen Medikamente!

GENUSSMITTEL ALS SCHLAFKILLER

Die Wirkung des Koffeins in Kaffee oder des Teeins in schwarzem Tee kennen Sie. Und wenn Sie an Schlafstörungen leiden, werden Sie sicher schon ab dem Nachmittag auf diese Getränke verzichten.
Nur wenige Menschen aber wissen, dass Alkohol nicht den Schlaf fördert, sondern ihn sogar verhindern kann. Während ein kleines Glas Bier oder Rotwein die Schlafbereitschaft durchaus verstärken *kann* – vorausgesetzt, Sie trinken nicht mehr –, wirken Champagner, Sekt

Wenn Sie täglich mit dem Emotionalen Training arbeiten, können Sie bald (in Absprache mit Ihrem Arzt) auf viele Medikamente verzichten.

LASSEN SIE SICH NICHT MEHR STÖREN!

und Weißwein manchmal regelrecht wie Aufputschmittel. Vermutlich sind bestimmte Biosubstanzen, die in weißen Trauben enthalten sind, die Ursache für die belebende Wirkung.

Weitgehend unbekannt ist die Tatsache, dass auch Rauchen den Schlaf raubt. Ob es der Wirkstoff des Nikotins oder eine der anderen über tausend chemischen Substanzen ist, die zu dauernder Nervosität und damit zu schlechtem Schlaf führt, ist noch nicht bekannt. Fest steht jedoch, dass Rauchen die Schlafqualität verschlechtert – sogar noch lange Zeit, nachdem man mit dem Rauchen aufgehört hat. Der Schlaf ist bei Rauchern, auch bei ehemaligen, deutlich »flacher«, also Tief- und REM-Schlafphasen sind zu selten, um die gewünschte Erholung zu liefern. Ein gewichtiger Grund mehr, sich das Rauchen umgehend abzugewöhnen.

SANFTE HILFE AUS DER NATUR

Wenn Sie unter Schlafstörungen leiden, haben Sie vermutlich schon allerlei Naturheilmittel ausprobiert.

➤ Baldrian, Hopfen und Melisse sind die bekanntesten unter ihnen und haben sich schon seit Jahrhunderten als Schlafförderer bewährt. Auch Angelikawurzel, Lavendel, Passionsblume und Orangenblüten helfen gegen Schlafstörungen.

➤ Zu den natürlichen Hilfen gegen Schlafprobleme gehören außerdem die Wasseranwendungen nach Kneipp, vor allem das (temperatur-)ansteigende Fußbad und der Kniguss. Sie funktionieren nach dem Prinzip von Reiz und Reizantwort des Körpers: Durch die gezielten Wasserreize wird die Schlafbereitschaft des Körpers gefördert.

Johanniskraut

Seit kurzem gibt es auch aussagefähige Studien über die Wirkung von Johanniskraut, das vor allem wegen seines Inhaltsstoffes Hypericin als Stimmungsaufheller bei Depressionen eingesetzt wird. Aber auch Unruhe und Nervosität werden durch Johanniskrautpräparate beseitigt, und der Schlaf wird dadurch gefördert. Dafür müssen die Mittel aber über einen längeren Zeitraum in ausreichend hoher Dosierung genommen werden.

➤ Hochdosierte Johanniskrautpräparate aus der Apotheke haben sich dabei am besten bewährt. Beachten Sie dann aber, dass Hypericin die Lichtempfindlichkeit der Haut erhöht. Deshalb sollten Sie die Sonne während der Behandlung meiden.

Versuchen Sie herauszufinden, was Ihren Schlaf stört. Ändern Sie, was Sie ändern können. Akzeptieren Sie, was nicht zu ändern ist. Und machen Sie täglich Ihr Emotionales Training – dann wird vieles Sie gar nicht mehr stören können, weil Sie tief und fest schlafen.

Ein Wort zum Schluss

EIN PROGRAMM FÜRS LEBEN

Glück kann man nicht festhalten, man muss jeden Tag etwas dafür tun.

Nach der Lektüre dieses Buches sind Sie sicherlich fasziniert von den Zusammenhängen zwischen Gedanken, Hormonen und Gefühlen. Sie wissen jetzt, dass Sie Ängsten, Stress, Depressivität und Schlafstörungen nicht machtlos ausgeliefert sind, sondern dass Sie selbst etwas tun können, um Ihre Probleme zu lösen. Die Erkenntnis, nicht abhängig von Medikamenten oder anderen Menschen zu sein, macht Sie stärker und gibt Ihnen ein Stück Freiheit zurück. Selbst bei psychosomatischen Erkrankungen können Sie sich langfristig selbst helfen und den Heilungsprozess unterstützen.

Allerdings reicht es nicht, das Buch nur zu lesen. Dieses Wissen muss umgesetzt und im Emotionalen Training erfahren und gefühlt werden. Und Sie müssen Ihre »Glückshormonduschen« schon täglich nehmen, um glücklich, stark und gesund zu werden und zu bleiben. Denn Glück kann man nicht festhalten.

Das Emotionale Training macht es Ihnen leicht. Wenn Sie mit dem CD-Programm arbeiten, nehme ich Sie jeden Tag an der Hand und führe Sie durch wunderschöne innere Bilder. Die wohltuenden Worte und die gefühlvolle Musik lassen Sie starke, positive Emotionen erleben. Anschließend werden Sie sich energiegeladen und glücklich fühlen.

Ich höre immer wieder von Seminarteilnehmern, dass sie regelrecht süchtig nach den Energy-Harmonys sind – und das ist kein Wunder, schließlich wirken unsere Glückshormone wie (körpereigene) Drogen.

Um die volle Wirkung zu erzielen, sollten Sie mit diesem Programm mindestens ein halbes Jahr lang konsequent täglich üben.

Und vermutlich geht es Ihnen dann wie den vielen, die die Harmonys auch später nicht mehr missen möchten – als ihr tägliches Glücks-»Doping«.

So gesehen, führt das Emotionale Training nicht nur in ein glücklicheres Leben, sondern es ist ein Programm fürs Leben.

Ich wünsche Ihnen viel Freude und Erfolg damit!

Ihre Dagmar Herzog

EIN PROGRAMM FÜRS LEBEN

GLÜCKLICH SEIN ...

Es gibt keine Pflicht des Lebens, es gibt nur eine Pflicht des Glücklichseins.
Dazu allein sind wir auf der Welt, und mit aller Moral und allen Geboten
macht man einander selten glücklich, weil man sich selbst damit nicht
glücklich macht.
Wenn der Mensch gut sein kann, so kann er es nur, wenn er glücklich ist,
wenn er Harmonie in sich hat, also wenn er liebt.
Dies war die Lehre, die einzige Lehre der Welt; dies sagte Jesus, dies sagte
Buddha, dies sagte Hegel.
Für jeden ist das einzig Wichtige auf der Welt sein eigenes Innerstes, seine
Seele, seine Liebesfähigkeit. Ist die in Ordnung, so mag man Hirse oder
Kuchen essen, Lumpen oder Juwelen tragen, dann klang die Welt mit der
Seele rein zusammen, war gut, war in Ordnung.

Hermann Hesse

aus: Kleine Freuden. Kurze Prosa aus dem Nachlaß.
Hg. Volker Michels
© Suhrkamp Verlag, Frankfurt am Main 1977

> *»Wenn der*
> *Mensch gut sein*
> *kann, so kann*
> *er es nur, wenn er*
> *glücklich ist.«*
>
> *Hermann Hesse*

Zum Nachschlagen

ZUM NACHSCHLAGEN

BÜCHER, DIE WEITERHELFEN

Herzog, Dagmar: Mentales Schlankheitstraining; Heyne Verlag, München

Herzog, Dagmar: Mentales Nichtrauchertraining; Heyne Verlag, München

Baur, Eva Gesine / Wilhelm Schmid-Bode: Glück ist kein Zufall; Gräfe und Unzer Verlag, München

Chopra, Deepak: Endlich erholsam schlafen; Lübbe Verlag, Bergisch Gladbach

Förder, Gabriele / Gabriele Neuenfeld: Kinesiologie. Leben mit ganzer Kraft; Gräfe und Unzer Verlag, München

Hayward, Susan: Das kleine Buch der Weisheiten; Delphi bei Droemer, München

Holdau, Felicitas: Einfach gut drauf. Tolle Gute-Laune-Macher; Gräfe und Unzer Verlag, München

Müller, Tilmann / Beate Paterok: Schlaftraining; Hogrefe Verlag, Göttingen u.a.

Reeve, Christopher: Immer noch ich; Schneekluth Verlag, München

Robbins, Anthony: Grenzenlose Energie; Heyne-Verlag, München

Stiftung Warentest: Fit durch gesunden Schlaf; Stiftung Warentest Verlag, Berlin

Strunz, Ulrich: Forever young. Das Erfolgsprogramm; Gräfe und Unzer Verlag, München

Stürmer, Ernst: Schlaftraining; Lübbe Verlag, Bergisch Gladbach

Weisbach, Christian / Ursula Dachs: Emotionale Intelligenz; Gräfe und Unzer Verlag, München

Thalmann, Hasso H.: Jahre jünger; Cornelia Ahlering Verlag, Jesteburg

Zehentbauer, Josef: Körpereigene Drogen; Artemis & Winkler Verlag, Düsseldorf u. a.

Dank

Ich danke Annemarie Rogowski-Schröer und Prof. Dr. Helmut Woelk für die fachliche Beratung. Felicitas Holdau möchte ich für die positive, inspirierende Zusammenarbeit danken!

BÜCHER UND ADRESSE

VON DER THEORIE
ZUR PRAKTISCHEN UMSETZUNG

Um das Emotionale Trainingsprogramm richtig und vor allem erfolgreich anzuwenden, empfiehlt Dagmar Herzog ein

2-Tages-Intensiv-Training
in kleinen Arbeitsgruppen

Hier erhalten Sie eine individuelle Anleitung, wie Sie
➤ Ihre persönlichen negativen Verhaltensmuster für immer verändern,
➤ alte Schmerzprogramme löschen,
➤ Ängste, Stress und Depressionen abbauen und
➤ Ihr Selbstbewusstsein stärken.

Fragen Sie nach unserem Trainingsangebot –
auch zu unseren weiteren Programmen:

Mentales Schlankeitstraining
Für immer schlank, nie mehr Diät

Mentales Nichtrauchertraining
Ohne Entzugserscheinung, ohne Gewichtszunahme

Dagmar Herzog Methode DHM GmbH

Auf der Eierwiese 3a, D– 82031 Grünwald
Telefon 089/64 91 01 60
Telefax 089/64 91 01 17
E-Mail: DHMGmbH@t-online.de
Internet: www.dagmarherzog.de

Die Trainingsprogramme zum Buch sind auf einer Doppel-CD produziert, die ebenfalls im Buchhandel erhältlich ist.

Zum Nachschlagen

SACHREGISTER

Abendprogramm 37, 117
Abschied 79 f., 87 ff.
Adrenalin 71, 72, 90, 110
Affektive Psychosen 78
Affirmationen 37, 43 ff.
– testen 48 f.
–, Beispiele 50 f., 102
–, gesteigerte 44, 98
–, Harmony für 66
– zum Einschlafen 117
Aggression abbauen 90
aktiv werden 101 ff.
Alkohol 126, 134
Angstbild auflösen 74
Ängste 70, 73 ff, 82, 93
–, unbewusste 99
Angstneurosen 75
Angstsymptome 76
Antidepressiva 23 f.
Ärger 88
– abbauen 90
Arzneimittel 10, 23, 79, 126
–, Nebenwirkungen 134
Atemübung zur
      Entspannung 54 f.

Basisübungen 53
Beruhigungsmittel 126, 134
Betriebsklima 26
Bett 127 f.
Bewegung 103 ff.
Bewertung 8 f., 22, 27 ff., 82, 113
Bewertung, Neu- 49, 83
Bilder, innere 36 ff., 41, 83
– verändern 80, 84, 87 f.
Biorhythmus 128
Blickwinkel 29 f.
Bluthochdruck 133
Botenstoffe 22

CD 42, 54
Comicfigur 74, 87 ff.
Cortisol 70, 71, 90, 110

Dankbarkeit 30
Demütigung 93
Depression 12, 24, 70, 76 ff., 82, 86
–, neurotische 78
–, typische Symptome 77
–, Harmony bei 64
Depressive Reaktion 77
Deprimiertsein 77
Dopamine 23
Drogen, körpereigene 9, 10

Einstellung, innere 8 f., 22, 27 ff.,
      82, 113
– verändern 49, 83
Elektrosmog 127
Emotionales Training
– Entstehung 10 f.
– Wirkung 13, 36 f., 42, 53
Emotionen 8 f., 32 f., 36 ff., 82 ff.
– durch Vorstellung abrufen 21
–, lernen durch 19
– und Gesundheit 25 f.
Emotionsmuster 15
Endogene Depression 77
Endorphine 23, 103
Energieblockaden 10, 83
–, persönliche 20
Energy-Harmonys 13, 37,
      41, 53 ff.
Enspannungsreaktion,
      körperliche 20
Entspannungsübung 37, 54
– zum Einschlafen 123
Entwicklung, persönliche 83
Erdstrahlen 126 f.
Essen, spätes 126
Essprobleme 10 f.

Farben 62
Filme, innere 83
Föhn 129
Furcht 73

Ganzheitliche Sicht 25
Geborgenheit 115 ff.

SACHREGISTER

Gedanken, körperliche und psychische Auswirkung 10, 19 ff.
Gefühle 8 f., 32 f., 36 ff., 82 ff.
– durch Vorstellung abrufen 21
–, lernen durch 19
– und Gesundheit 25 f.
Gefühlsmuster 15
Gelassenheit 115
Geräusche 131
Gerüche 17 f.
Gesicht/Mimik 21
Glaube an eine höhere Instanz 84 f.
Glaubenssätze 92
Glück 31 ff., 82
Glückshormonduschen 13, 53
Glückshormone 9 f., 83, 103, 116
–, körperliche Wirkung 26
Glücksmomente im Alltag 32
Gute-Nacht-Geschichten 115 ff.

Harmonys, Energy- 13, 37, 41, 53 ff.
Hass 88 ff.
Heilmethoden, traditionelle 25
Heilung, Selbst- 26
Herzneurose/-phobie 75
Hilfsprogramme, emotionale 11
Hitliste der Aktivitäten 101
Hormonausschüttung 9
Hormoncocktails, typische 23
Hormone 22 ff.
–, künstliche 10, 24
hormonelle Kommunikation 70
Hormon-Schönheitscocktail 21
Hormonschwankungen 133
Hormonsystem 22 f., 24
Hormonumstellungen 79
Hubschrauberperspektive 92 f.
Humor 74, 86, 89

Immunsystem 10, 15, 24 f., 26, 90, 103

Jogging 104
Johanniskraut 135

Kaffee 126, 134
Kind, inneres 93, 98 f.
Kindheit, emotionale Erfahrungen 15
Kinesiologischer Muskeltest 49, 128
Kino, inneres 40 ff.
Klimakterium 79
Kommunikationssysteme des Körpers 22 ff.
Konditionierung 28
Körperliche Reaktionen 19
Krankheiten 24 ff.
Kränkung 87 ff.

Lang- und Kurzschläfer 112
Lärm 131
Lebenskrise 11, 83
Licht 62
Liebe 86, 94 ff.
–, Selbst- 33, 82, 94 ff.
Liebeskummer 8, 84, 86 ff.
Loslassen 31

Magersucht 85
Manisch-depressive Krankheit 78
Medikamente 10, 23, 79, 126
–, Nebenwirkungen 134
Meditation 115
Melancholie 78
Melatonin 23
Mentale Übungen 13
Mobbing 26
Motivation 13, 39, 40, 102
Müdigkeit 109
Musik 42, 54
Muster, Verhaltens- und Gefühls- 15, 27 ff.

Negative Gedanken 10
Nervensystem 22, 24
Neurohormone 22
Neurotransmitter 22 f.
Nikotin 126, 135
Noradrenalin 23, 71

Zum Nachschlagen

Panikattacke/-syndrom 75
Perspektive 29 ff.
Phantasiereisen 41 f., 53 ff.
Phobie 75
Positiv denken 43
Positive Gedanken 10
Power-Walking 104
Programm, Trainings- 37
Programme, unterbewusste
   15 ff., 22, 27 ff.
Psychogene Depression 77
Psychoneuroimmunologie
   (PNI) 24 f.
Psychopharmaka 23
Psychosen, affektive 78
Psychosomatische Beschwerden
   und Krankheiten 24 ff., 70, 90

Rauchen 11, 126, 135
Regeneration im Schlaf 110
Reiz-Reaktions-Verknüpfung 28
Relativieren 29 f.
REM-Phase 109
Restless-Legs-Syndrom 132
Rückenschmerzen 26

Schilddrüsenfunktionsstörungen
   24, 79, 132 f.
Schlafbedürfnis 111 f.
Schlafforschung 109
Schlafhaltung 125
Schlafmittel 23, 134
–, natürliche 135
Schlafprofil 109
Schlafrhythmus, biologischer 110
Schlafstörungen 22, 108 ff.
– durch Krankheiten 132
– durch äußere Störfaktoren 126 ff.
Schlaftabletten 126
Schlaftraining, Emotionales 115 ff.
– Programm 117
Schlafzimmer 130
Schmerzbilder verwandeln 37, 83, 89
Schmerzprogramme 92
Schuldzuweisung 84, 94
Schulmedizin 24

Schutzengel 85
Schutzprogramme 15, 19
Selbstannahme 33
Selbstbewusstsein 33, 93, 95, 96 ff.
Selbstbild 96 ff.
Selbstliebe 33, 82, 94 ff.
Selbstmitleid 94
Selbstverantwortung 12, 25, 33
Selbstvertrauen 91 ff., 96 ff.
Serotonin 23, 103
Signalstoffe 22
Sinneseindrücke 16, 22, 27
Situationsanalyse 46, 83
Sitzhaltung 66
Somatogene Depression 77
Sport 103 ff.
Stoffwechsel 10, 22
Stress 26, 70 ff., 82
–, Auswirkungen 71 f.
–, chronischer 72
-achse 70
-faktoren 70 ff.
-forschung 110
-hormone 9, 26, 70 ff., 83, 90, 110
-reaktion, körperliche 20
Sucht 10

Tagträumen 37, 40 f.
Tee 134
Testosteron 71, 103
Trainingstipps 37
Trauer 79 f., 86
Traumbilder 37, 41, 115, 116, 118 ff.
Träumen, Tag- 37, 40 f.
Traurigkeit 76 f.
Trennung 88

Unbewusstes 10 f.
Unterbewusstsein 10 f., 15 ff.

Veränderung 42, 83
Verantwortung 82, 94
Verdrängen 16
Vergangenheit 87
Vergebung 100

SACHREGISTER

Vergessen 16
Vergleichen 30
Verhaltensmuster 15
Verlassenwerden 86
Verletzungen 82
Versöhnung 100
Verstand 36
Vertrauen 26, 31, 91, 115 ff.
Vollmond 129
Vorstellungen, körperliche und
     psychische Auswirkung von 19 ff.

Wahrnehmung 27, 115
Wasseradern 126 f.
Wetterfühligkeit 129
Wirkung 13, 36 f., 42, 53
Wochenbettdepression 79
Wünsche 40, 42, 102
Wut 82, 89 f.

Zeit, Trainings- 37
Ziele 40, 42, 102
Zitronen-Übung 19
Zwangsstörungen 76

Die fünf Harmonys

1. »Heute fängt ein neues
    Leben an!« 55

2. »Energie und Frieden« 59

3. »Befreiung« 61

4. »Lass deine Seele wieder
    fliegen« 64

5. »Zauberworte« 66

Die Traumbilder

1. »Sternenhimmel« 118

2. »Wogendes Kornfeld« 120

3. »Lass dich fallen in den
    Wind« 122

Entspannen Sie sich! 123

Zum Nachschlagen

Das Original mit Garantie

Ihre Meinung ist uns wichtig. Deshalb möchten wir Ihre Kritik, gerne aber auch Ihr Lob erfahren. Um als führender Ratgeberverlag für Sie noch besser zu werden. Darum: Schreiben Sie uns! Wir freuen uns auf Ihre Post und wünschen Ihnen viel Spaß mit Ihrem GU-Ratgeber.

Unsere Garantie: Sollte ein GU-Ratgeber einmal einen Fehler enthalten, schicken Sie uns bitte das Buch mit einem kleinen Hinweis und der Quittung innerhalb von sechs Monaten nach dem Kauf zurück. Wir tauschen Ihnen den GU-Ratgeber gegen einen anderen zum gleichen oder ähnlichen Thema um.

Ihr Gräfe und Unzer Verlag
Redaktion
Gesundheit
Postfach 860325
81630 München
Fax: 089/41981-113
e-mail:
leserservice@graefe-und-unzer.de

IMPRESSUM

© 2001 Gräfe und Unzer Verlag GmbH, München
Alle Rechte vorbehalten, Nachdruck, auch auszugsweise, sowie Verbreitung durch Film, Funk, Fernsehen und Internet, durch fotomechanische Wiedergabe, Tonträger und Datenverarbeitungssysteme jeder Art nur mit schriftlicher Genehmigung des Verlages.

Redaktionsleitung: Doris Birk
Redaktion: Ilona Daiker
Lektorat: Petra Kunze, Felicitas Holdau
Covergestaltung und Layout: Independent Medien Design, München
Gestaltung und Satz: Felicitas Holdau
Herstellung: Renate Hutt
Repro: w&co. Media Services, München
Druck und Bindung: Druckhaus Kaufmann, Lahr

Umwelthinweis:
Dieses Buch wurde auf chlorfrei gebleichtem Papier gedruckt. Um Rohstoffe zu sparen, haben wir auf Folienverpackung verzichtet.

ISBN 3-7742-5625 - x

Auflage	5.	4.	3.
Jahr	2005	04	03	02

Wichtiger Hinweis

Die Ratschläge des vorliegenden Buches wurden sorgfältig recherchiert und haben sich in der Praxis bewährt. Alle Leserinnen und Leser sind jedoch aufgefordert, selbst zu entscheiden, ob und inwieweit sie die Anregungen aus diesem Buch umsetzen wollen. Autorin und Verlag übernehmen keine Haftung für die Resultate.

Bildnachweis

Astrofoto: Seite 119 (Shigemi Numazawa)
Fotex: Seite 18, 36/41/51/52, 44/62, 78, 81/82/88/98(105, 84, 108/113/114/129 (Orion/Lyrical)
Imagine: Seite 109 ff. (Horizon), 47 (Schlegel)
Andreas Hosch: Seite 57, 63, 59/67; 125
Jump: Cover vorne (Kristiane Vei)
Ingrid v. Paleska: Portrait Dagmar Herzog
Photonica: Seite 2/6/10/13) 23 (Shinischi Eguchi), 3/ 34/37 (Shooting Star)
Jörg Schmellenberg: Seite 25, 38, 131
Ernst Wrba: Seite 4/106/135, 8 ff., 14/27/31/32, 28/58, 39 ff., 60, 70 ff., 73, 95, 101, 111, 121, 65/122